JN254040

評伝 カンパネッラ

澤井繁男 著

人文書院

評伝　カンパネッラ・もくじ

評伝　カンパネッラ

はじめに

イタリア・ルネサンスの最後を飾る巨星といえば、たいていの人が、一六〇〇年にローマにて、生身のまま火刑に処された異端者ジョルダーノ・ブルーノ（一五四八―一六〇〇年）を挙げるであろう。それも一理ある。一六〇〇年という区切りの良い年に死去したこともあるし、彼の思想が最後のルネサンス人にふさわしい新奇さと旧守性の両方を兼ね備えていたからでもある。

一六〇〇年と言えば、日本では関ヶ原の戦いで、これもひとつの歴史的転換点にあたっていて、ブルーノの場合と重なって、多くの日本人に変わり目として映るのかもしれない。しかし、当時の時代的特徴に鑑みれば、イタリアでは対抗宗教改革後の時代で、他方ではガリレイなどが登場してきて科学革命が始まろうとしていた。その一方で、主にアルプス以北ではルターの宗教改革以後いぜんとして魔女狩りが行われており、科学とは無縁の世界が展開していた。むろん、その地でも十進法の発見等によって確実に科学的萌芽はみられていたが、大勢は異端審問による残酷な様相を呈していた。

異端審問といえば、魔女狩りもそうであったが、ブルーノも異端審問によって焼き殺された犠牲者である。ブルーノの場合は、アルプス以北の、遅れて貨幣経済が流通して社会に格差が生まれ、その社会的不均衡を正すために狂信的に始まっていた魔女狩りとは性質を異にする、純粋に思想的なものであった。

ブルーノの育ったイタリアは地中海の文化圏内にあって、アルプス以北より先進的であった。彼は、当時はスペインの属州であった南イタリア生まれであり、古代「大ギリシア（マグナ・グラエキア）」と呼ばれてギリシアの植民市が点在するギリシア文化の影響下にあって、その伝統を受け継いでいる土地柄の人物であった。その後、南イタリアは北方のノルマン人の支配下にも入ったりして、諸文化の混在する地域に変貌してゆく。その錯綜した文化のもとブルーノは成長するのだが、青年期に南イタリアを出て、アルプス以北のヨーロッパを流浪しながら名声を獲得していく。活躍の場はイタリアではなかった。

こういう理由もあって、私はイタリア・ルネサンスの悼尾を彩る人物として、ブルーノよりちょうど二〇年あとにおなじく南イタリアに生まれたトンマーゾ・カンパネッラ（一五六八―一六三九年）を推したい。ちなみに彼が死去した一六三九年の日本はすでに江戸時代（三代将軍家光の治世）で、ポルトガル船の来航禁止令が発布され、四一年の鎖国の完成に向けて動いた時期に相当する。カンパネッラは、織豊政権と徳川幕府の初期にまたがる時期に活躍した人である。彼の生まれた一五六八年には、信長が足利義昭を奉じて入洛している。

カンパネッラは小文字で書くと、「小さな鐘」の意味である。作曲家リストに同名のピアノの名曲がある。campanella と綴り、イタリア語である。「鐘 campana」に小尾辞がついて出来た単語である。カンパネッラとは、宮澤賢治の名作『銀河鉄道の夜』の副主人公のことではない。賢治の作品のほうはカムパネルラである。

トンマーゾ・カンパネッラ（Tommaso Campanella）は、一五六八年から一六三九年まで生きた実在の人物である。ルネサンス末期のユートピア作品、『太陽の都 *La città del sole*』（一六〇二年）で知られている。日本では、『太陽の都』は、同じユートピアを描いたトマス・モア（一四七七頃―一五三五年）の『ユートピア』よりあとの十七世紀初頭の著作であるが、それと比べてもかなり異質な理想都市が描かれている。その違いはカンパネッラとモア、二人の思想的なちがいにもよるし、生まれた土地・風土が別途であることも一因であろう。

カンパネッラの作品にはもうひとつ邦訳で読めるものがある。『ガリレオの弁明 *Apologia di Galileo*』（一六一六年）がそれである。ガリレイの名が出てくることでもわかるように、二人は同時代の人物で親交があった。カンパネッラはガリレイの近代自然科学の思想に強く惹かれたが、思想的文脈の中でくると、自然魔術師の中に納められる。このように魔術と近代科学の接点に位置した人士、百科全書的な複雑・錯綜した思念をかかえて生きた哲人である。魔術のみならず、詩作、占星術、哲学、神学、政治学、数学などのさまざまな著作を遺しているが、私は彼を根本的に詩人だと見ている。だからこの評伝でも彼の数あるソネットをときにはまじえて論じていくつもりである。

本書は、ジャンフランコ・フォルミケッティによる評伝『トンマーゾ・カンパネッラ』(Formichetti 1999)に沿って書かれている部分が多い(とくに少・青年期)ことを断っておく。当該書は三百頁におよぶ労作である。カンパネッラの原書からも引用の多数あるが、残念ながら出典への言及が定かでない部分もあった。歯がゆさののこる面もあったものの、叙述の具体性ゆえにそうした箇所を補って余りある文献だと判断して活用した。

なお本書中、フォルミケッティの当該書からの出典に関しては、頁数のみを示した。

また、私はこの評伝を彼の故郷スティーロのことから始めたい。ひとりの人間の内面を考察する場合、生まれた土地の持つ文化的風土、あるいは地理的環境がきわめて重要な位置を占めていると考えられる。とりわけカンパネッラの場合、もし彼が南イタリアでなく北イタリアで生を受けていたならば、まったく異なった生涯を送ったと予想されるからである。

文化的にはルネサンス末期にあたっており、初期の人文主義の影響は依然として残っていたが、思想的に見て、異教的人文主義を経たあとの異端的においのする思潮が流れていた。特に南イタリアではその傾向が強かった。

第1章　時代背景について

近年、「地中海」が見直され、日本でもF・ブローデルの浩瀚『地中海』（藤原書店、一九九一—九五年）全五巻が出て、脚光を浴びたが、「ある海の詩的考察」と副題を付された、P・マトヴェイェーヴィチ著『地中海』（平凡社、一九九七年）も小冊ながら魅力的な一冊である。

その中で、カンパネッラの生まれたカラブリア地方を、「カラーブリアは陸地に囲まれた島である」と明言している（三八頁）。これは卓見であり、逆説的である。というのも、カラブリアは地図を展げるととても島には見えず半島そのものだからだ。著者自身は、「半島は島の場合より望ましい立場にあって、より平穏な運命を辿ることになる」と述べて（三七頁）、半島の安全性を主張しているが、カラブリアは見た目こそ半島（イタリア半島の足の甲や裏と爪先部分に相当する）であるものの、島と同じく平和に恵まれなかったことは断言できる。マトヴェイェーヴィチの文脈では地理的な解釈というよりも、そこに波乱つづきの歴史という逆説を読み取ったほうが的確であろう。

生地スティーロにて

私は、四度のイタリアの旅のうち、いちど彼の生地スティーロを訪れている。平和な時代に赴いたわけだが、カラブリアを含めて、古代マグナ・グラエキア（大ギリシア）と呼ばれたこの地域は、かつては安寧から見放されていた。

カンパネッラはたくさんのソネットを少年期から作っていて、選集（『哲学詩集 *Poesie Filosofiche*』）も出版されているが、なぜか次に試訳を掲げる生地を謳った詩は選ばれておらず、没後に編まれた『詩篇 *Le poesie*』に採られている。原詩はイタリア語である。

わが町スティーロの山から謳う（『雑録集 *Varie*』第一篇、『詩篇』Ⅵ）

マグナ・グラエキアの山並に建つ町は、
名家の人たちも庶民も蜂起する勲がない、
けれども僕の生まれた町スティーロは、
南部を脅かす夷狄(いてき)をイオニアの海に控えている、
ファビウスは攻囲網を堅めて、
カウロニアに立て籠る極悪非道なハンニバルを顫(ふる)え上がらせた、
敵は海や野を荒らしまくり町を棄てて逃げ去った、
パルナッソス山の女神たち、オリンポス山の神々、そしてカンピドリオの丘の神々は占星術師

の手腕しだいだ、
僕はのちに、からだに効く薬草や諸々の事物について知識を身につけ、
知恵者と称えられた、
その後スティーロはルッジェーロ・グィスカルド率いるノルマン兵に攻められた、
ただし町には守護神である聖アンジェロや聖ジョルジョがおり、
　敵に立ち向かって引くことはなかった。

スティーロ（〈新開地〉と広大な谷あい）

　このようにスティーロは、ローマ支配下の古代都市で、場所柄ビザンツの文化の影響を強く受け、ギリシア風の文化も下地に敷いた、自治の発達した都市だった。

　私がスティーロを単身訪れたのは、一九九〇年の九月中旬である。レッジョ・カラブリアからローカル列車に乗って、沿岸の町モンナステラーチェ・マリーナで降りて、大型観光バスで向かった。二十分くらい舗装の行き届いた坂道を、くねくねと登りながら、途中、二つ三つの停留所で停まって、終点がスティーロの広場であった。

　降りてすぐ、風の強い町だと思った。ビュービュー山風が吹

カットーリカ

き荒れていた。ギリシアとアラブの血の混じったような、黒いベイルで顔をすっぽりおおった老婦人が、なぜか私の手を握って、よく来てくれた、スティーロには観る所がたくさんある、まずこの道を行って途中で右折して……と「カットーリカ」への行き方を教えてくれた。カットーリカとは、おそらく語源はカトリックだと思われるが、一種の礼拝堂である。

何か感激してしまって、からだを前傾させ山道を歩きだして、言われたとおりに、指さしてくれた地点で右に曲がり、また登っていった。突き当たりにギリシア・ビザンツ様式で十世紀まで建造年がさかのぼれるカットーリカが建っていた。赤茶けた黄色の五つのクーポラ（ドーム）と屋根は瓦葺きであった。守衛がいて、記帳せよと言うので、漢字で書いた（漢字は神秘的に映るらしく、悦ばれる）。内部での写真撮影は禁止だと僕のカメラを指して忠告するので、わかったと応えて中に足を踏み入れた。

内部の壁画は、イタリアの他の教会の壁画とどこか異質で、異様ですらあった。これがビザンツ芸術第二の黄金期の遺産であるとは恥ずかしながらあとで知った。薄暗い空間の中で、暗い橙色にみえる先駆者聖ヨハネのフレスコ画が印象にのこっている。

見学者は私ひとりで、手持ち無沙汰な守衛に、カンパネッラの研究者だといっぱしに名告ると、即座に「生家がすぐ近くにあるので行ってみよ」と望外の応えが返ってきた。二人でカットーリカを出た。守衛が指し示した所に青い車が停車しており、そこを左に入って道なりに下っていくとあると言う。礼を述べてさっそく歩きだした。思ってもいないことだった。

青い車の所を曲がると、下りの狭い坂道がいかにも田舎道といった感じでつづき、やがて一軒の小体な石造りの家の前に出た。玄関は鉄の扉で閉じられていて、石壁に以下のように訳せる大理石のプレートが打ちつけられていた。

スティーロのカンパネッラの生家のプレート

> ここに、一五六八年九月五日日曜日の午後、
> 新時代の英雄的預言者、トンマーゾ・カンパネッラ、生まれる。
> スティーロは彼の生誕この方四百年間、カンパネッラの故郷である。

「預言者」と記されているのが気に入った。彼の一生は文字どおり預言者的であった。彼には兄弟姉妹が多かったはずである。それがこんな小さな家に……と思いつつも上気して、家の前に腰を下ろし、気を鎮めてから、四百年の昔のカンパネッラに話しかけた。「ビザンツの文化を礎として建てられた町に生まれたあなたの血の中には、オリエント的な思潮の断片が潜在していたのでしょうか。正統派カトリックを自認しながらも異端の罪で二十七年間獄中生活を強いられたあなたの血の中にはいったいどのような種類の色が輝いていたのでしょうか？」

イタリア戦争以後

カンパネッラが生まれたのは一五六八年であるので、すでに、一四九四年から始まっていたイタリア戦争は、一五五九年四月二～三日に北フランスの（現在のル・カトー）で結ばれた「カトー・カンブレジの和約」で終結しており、半島は政治的には平穏を保っていた。かつてフランス、アンジュー家が統治していた（一二八二―一四四二年）ナポリへの、フランス王の執着と野心が惹き起こしたイタリア戦争の主因は、半島の求心性を欠いた政治状況にある。

ローマ教皇庁は半島が統一されることで、聖権が俗権の支配下に入ることを恐れ、事あるごとにアルプス以北の各国や半島内の各都市国家を挑発し、カトリックの原義である「普遍性」を聖的に墨守しようとしていた。またミラノやヴェネツィアやフィレンツェ等の有力都市国家はそれぞれ自主独立を主張して譲らず、つねに各々抗争が絶えず分裂状態がつづいた。その意味でコムーネ（共同体）と呼ばれていた都市が都市国家へと成長したことは、イタリアの経済的繁栄をもたらした利点を除けば、政治的乱世を招いたことになる。というのも、アルプス以北のドイツ、フランス、それにイベリア半島のスペインなどが虎視眈々とイタリアを我が掌中にとねらう動機を与えることになったからである。ルネサンス時代と呼ばれる、十四世紀中葉から十七世紀初頭までのおよそ二百五十年間余りは、数十年間の安定期を除いて、イタリアの政治的状況はおおむね惨憺たるものであった。

カンパネッラが生まれる前の南イタリアは、アンジュー家がイベリア半島東部のアラゴン王家に駆逐され、アラゴン王家の支配下で栄えていた。スティーロのあるカラブリア地方も同様である。アラゴン王家本家の支配（一四四二―五八年）のあと、傍系のアラゴン王家が治めた（一四五八―一五〇三年）間にも、フランス（シャルル八世、在位一四七〇―九八年）の侵攻があって、一時フランス王がナポリ王（一四九五年五月）に登位するが、すぐにアラゴン軍に撃退されている。

ナポリ（王国）も混乱がつづくが、スペイン系の支配はつづき、アラゴン王家のフェルナンド二世（在位一四七九―一五一六年）とイベリア半島西部のカスティリア王国のイサベル一世の一四六九年の結婚によって、ポルトガル王国を除いた半島がスペイン（イスパニア）として統一され、スペイン王国が誕生した。一四九二年にはイスラム勢力の最後の拠点グラナダが陥落し、夫妻は名実ともに「カトリック両王」の名をほしいままにした（イベリア半島に出来た、アラゴン、カスティリア、ポルトガルなどの国々は、イスラム勢力を追放するための国土回復運動（レコンキスタ）の経過で国家として形成されていった。グラナダ陥落でキリスト教徒の勝利に終わったわけである）。

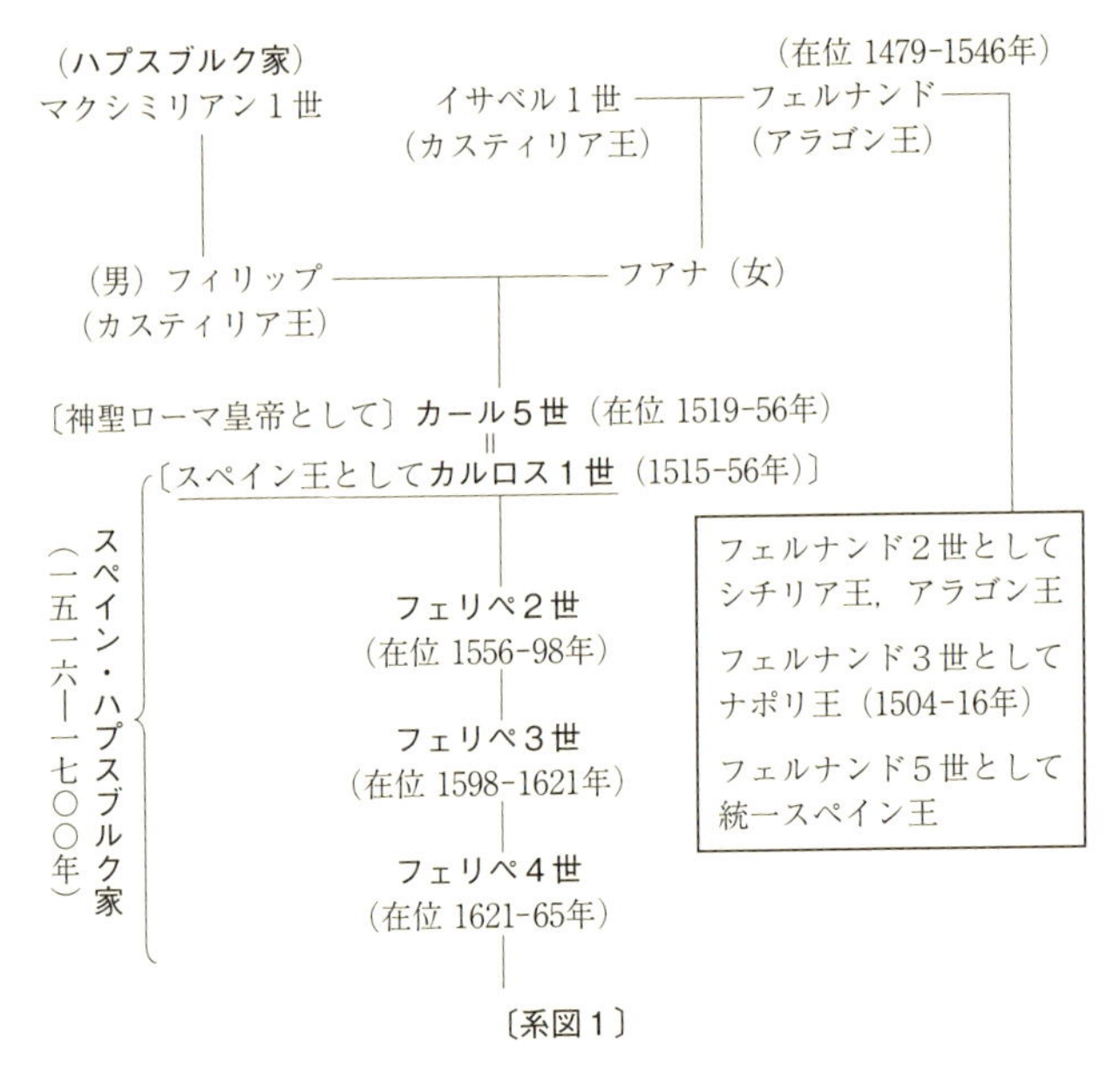

〔系図１〕

フェルナンド二世は、シチリア王、アラゴン王、それにフェルナンド三世としてナポリ王（一五〇四―一六年）を兼任し、統一スペイン王の名称ではフェルナンド五世を用いた。系図を見てほしい。

ここで明らかなように、ナポリ王国は、スペイン・ハプスブルク家の属国となる。カルロス一世は、副王（総督／代官）を派遣してナポリ王国を統治した。スペインはフェリペ二世のとき最盛期を迎え、いわゆる「太陽の沈むことのない」植民帝国と呼ばれた。カンパネッラが生まれたのはフェリペ二世の治世であるが、彼が政治的に関わり合いを持つのはフェリペ三世の時代になってからであって、まだ先のことである。

前述のカトー・カンブレジの和約は、フェリペ二世、エリザベス女王（イングランド）、アンリ二世（フランス）の三者間で結ばれたものである。イタリア戦争は、休戦をはさみながらも六十五年間もつづいたが、結局フランス勢力の後退をもたらし、スペイン・ハプスブルク家（つまり、スペインとドイツ）の勢いが高まったことになる。特にスペインの進出には目を見張るものがあり、すでに発見されていた新大陸を着実に植民地化していったのがこの時期である。

一方、ローマ教皇庁内での反動勢力による対抗宗教改革も新大陸に触手をのばし、イエズス会の公認（一五四〇年）、宗教裁判所の設立（一五四二年）、禁書目録の作成（一五四三年）とつづいた。一五四五年から六三年までトリエント公会議が開かれ、新教に対抗すべくカトリックの基本的教義が確認された。

この間のスペイン王はカルロス一世とフェリペ二世であるが、属国となったナポリ王国は、カルロス一世の代官として、大総督とまで呼ばれたペデロ・デ・トレドが二十年間（一五三二―五三年）ナポリ王国を直接治めることになる。

トレドは、ナポリ王国土着の豪族（封建領主）たち、いわゆる旧勢力の力の削除（具体的には封土の削減）を実行し、スペイン王への忠誠を誓わせる方向に持っていく一方で、ギルドへの援助を惜しまずに、新しい中産階級を育成して、イタリア南部の頑迷で因襲的な社会構造を徐々に内部から砕いていこうとした。こうして、トレドが〈旧〉の牙を抜き、〈新〉を育て上げていく両刀遣いの冴えを見せるのと同時に、当局による一般民衆への苛政、王宮の慣例行事への参列が問題となった。不満な豪族たちは違反行為を断行し、民衆は国王や総督へ、絶えず提訴、請願、陳情を行なった。

要するに、これらは、スペイン本位の政治的覇権が、イタリア南部に着々と確立されていく過程の段階に起こる、予測可能な事態として位置づけられる。苛政とは当局の民衆への傲慢的施政にほかならず、重税がその最たるものであった。重税負担だけをとっても、政治・経済・社会に及ぼす影響は明らかで、さらに〈新旧〉の豪族勢力を争わせるよう仕組む施政は狡猾そのものである。〈新〉勢力の中産階級となったギルドの人たちが、〈旧〉陣営の無能な豪族たちと闘ったことじたいは、マキアヴェリの言う「正義の兆（きざし）」として評価されもしようが、所詮スペイン王の掌中で踊らされているだけにすぎなかった。

スペインとしては、〈新旧〉の豪族たちの釣り合いを保ちつつ立憲政治を無難に行使する傍らで、故意に圧政を敷いて、策略的政策の可能性をさぐる必要性があったと思われる。

カラブリア地方に限れば、ナポリ王フェルナンド三世治下の一五一二年にすでに地元の民衆を圧する豪族に対する決起が生じている。サンタ・セヴェリーナとマルティラーノの住民の間での暴力沙汰で、強奪・流血・投獄をもたらし、四年間もつづいた。死者もとうぜん出たし、一家全員が土地を失い、いっそう生活苦にあえぐはめにも陥った者もあった。

スティーロの蜂起

スティーロに対しては、もともとカルロス一世はその戦略的位置やかつてノルマン軍に対して示した勇武に鑑みて、関心が強かったようで、〈伯（コメス）〉の地位を与えている。そして次の二つの理由で、住民の反抗による被害は覚悟の上で、ナポリ王国の有するスティーロの土地と諸々の要塞の買収に乗り出した。

その理由の一つは、オスマン・トルコの侵略からイタリアを守るため、二つめは、キリスト教という宗教のイスラム教からの保護である。一五四〇年五月十一日に教皇パウルス三世と約したこの二項目はスペイン王室憲章にも刻まれている。

総督トレドはこれを受けて、一五四〇年七月三十一日、スティーロに司法権という特権を授ける代わりとして、たった一二五四スクーディ（一スクーディは五リラ銀貨に相当する。当時のスティーロでは一戸あたり二スクーディの分配率にしかすぎなかった）で、強欲な一族であるコンクブレット家にスティーロの町と城塞を売った。コンクブレット家はアレーナ侯でもあって、当主ジョヴァン・フランチェスコに対して以前より不満を持っていたスティーロのギルドは即座に異議申し立てをした。

それに対処すべくトレドは、ノチェラ公に売却した、いや、売却を装った。スティーロ側は、断固として町を買い戻す優先権を主張した。そこでカルロス一世は一五四五年二月二十七日、ナポリ近郊の保養地ポッツォーリから、町を返却するべく王室証書に署名した。しかし裏工作も怠らなかった。ギルドや民衆に、豪族たちから当局が接収する収益をほとんどすべて町の実質的資本とすると約しながらも、それが最終的にノチェラ公からアレーナ侯の手にわたるように画策したのである。また、王室派遣の守備隊長が城塞に住むのを望んだ際、実際住まうことができるように、要塞をスティーロ側が再び取得できるのを条件に、守備隊長の要塞の所有を認めさせた。

派遣されて定住した隊長はスティーロの住民となり、スティーロ伯に与えられた特権である司法権も行使でき、裁判を行なうことができるわけで、特権としての意義は消えることになる。それゆえ町の人たちや周辺の集落の人々は、隊長が法廷を開きたくないと言えば、裁判を受けられないという事態にもなる。こうした政略は法廷が一般民衆の道具とされぬための、国王が案出した弥縫策のひとつであった。スペイン側の策謀が透けて見え、あくまで地元の豪族を手懐け、いかに民衆（特にギルド）を懐柔しようとしたかがわかる。国王に逆らう者は威嚇され、千ドゥカーティ（金貨）の罰金を支払わされた。

司法権という特権を一応得たスティーロだが、カルロス一世の死後に登位したフェリペ二世（在位一五五六―九八年）に、一五五七年にスティーロ〈伯〉の地位と担保の証書を示していったん売却した国有地を奪い返されてしまった。

このようないい加減なスペイン当局の施政にスティーロの民衆たちが蜂起しないわけがなく、トレドが町に一二五四スクーディを支払ったその翌年の四一年九月十三日には、ノチェラ伯とアレーナ侯を町から追放することを目指した決起が行われている。カルロス一世の四五年の工作はこうした起因があってのことなのである。その反乱の首謀者の一人に、カンパネッラの父であるジェロニモ・カンパネッラがいた（Cunsolo, ch. 21-23）。

第2章　カンパネッラ誕生す

フォルミケッティ『トンマーゾ・カンパネッラ』によると、一五六八年九月五日日曜日、カンパネッラは生まれた。幼名をジョヴァン・ドメニコ・カンパネッラと言った。九月十二日に、ドン・テレンツィーノ・ロマーノ神父により聖ピアージョ教会で洗礼を施された。

生家は、市壁の外の〈新開地〉にあった。コンソリーノ山の傾斜面に建ち並んだ地域が市壁内の町の中心にあたり、カンパネッラの生家は、カットーリカともども町のはずれの新開地に位置していた。父ジェロニモの職業は靴直し業で、妻カタリネッラ・マルテッロとの間に九人の子をもうけている。母親は子育てに手一杯の状態、父親は反乱の失敗後投獄の憂き目に遭い、家族は困窮していた。それにジェロニモは文字が読めなかったと伝えられている(7)。

ジョヴァン・ドメニコ・カンパネッラは、幼少年期からすでに才覚を顕わし、神童の誉れ高い子供だった。反乱の主謀者となるほどの正義感はあるものの無知・文盲の父にしてみれば、息子たちのうちのひとりだけでも、せめて貧困や悲惨な生活から脱して、陽のあたる道を歩んでほしかったにちがいあるまい。

カンパネッラの血には、父の反抗の精神が遺伝子のごとく組み込まれていた。それをみずからも自覚していたと考えるのは、やがて同じく蜂起の推進者となる彼に対して、あまりにも勝手でロマン的な見方であろうか。しかしこの説は充分に説得力のあるものと思われる。

貧困にあえぐが才知あふれるカンパネッラは、貧しいがゆえに受けられない学校の授業を門の外で立ち聞きし、生活は同年齢の子供たちのように豊かでないにせよ、知力の点では劣らぬと、教師に繰り返し訴えた、というエピソードも残っている(8)。

文法(ラテン語)の教師であるアガツィオ・ソレーアという人の厚情で、文法の授業の出席が許可されていた。カンパネッラの記憶力は群を抜いて優れており、引き継いで教えた教師たちはみな感嘆した。論理学の教師は叔父のジョリオで、彼は社会改革も志しており、カンパネッラにその方面での影響を与えたと推察される。

当時のカラブリアは山賊などがいまだに跋扈(ばっこ)していたが、それに加えて疾病(とりわけペスト)が不定期ながらも蔓延した。カンパネッラの少年期にもシチリアに流行の端を発したペストがカラブリアも襲う恐れがあったので、父ジェロニモは一家をあげてスティーロから数キロ南に下がったスティニャーノに転居した。そして近郊のプラカニカの修道院(ドメニコ会)で、カンパネッラはトンマーゾの名を得て、修道僧となった。一五八二年、十四歳のときである。白色の修道衣は、この利発な少年にとてもよく似合った。

トンマーゾ・カンパネッラとなった彼は、修行期をサン・ジョルジョ・モルゲートのアンヌンツィアータ修道院で過ごした。この地でカンパネッラは修道僧の道の第一歩を踏み出したのである。地元の豪族であり、善政を敷いて封土を治めていたジャーコモ・ミラノ二世に敬意を表すため、彼は自作の詩（祈りの詞）を御前で朗詠した。少年詩人の詩才はミラノ二世の夫人イザベッラ・デル・トゥーフォの心を打ち、好感を抱かれる。この偶然の出会いによって、デル・トゥーフォ家との親交がはじまるが、わけても、カラブリア地方で最も威信のあるミレートの司教職を務めることになるマルカントニオとは友誼を結ぶことになった。

デル・トゥーフォ家はナポリの古くからの家柄で、ナポリ独特の文化的生活や貴族階級の生活を営む典型的名門であり、後年（一五八九―九〇年）、カンパネッラは一家に招かれ、歓待されている。

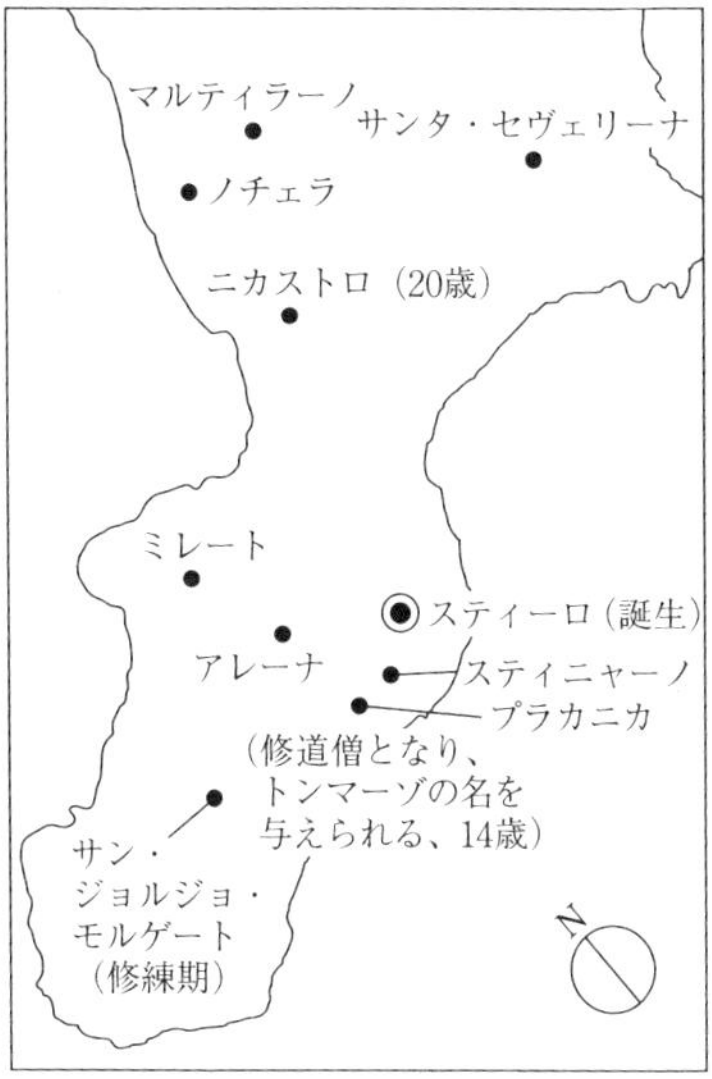

カラブリア地方
（生誕から20歳まで，1568-88年）

十八歳（一五八六年）になったカンパネッラは、ニカストロのアンヌンツィアータ修道院に移った。そこで、じきカラブリア地方修道会管区長の顕職に就くことになるアントニオ・デ・フィオレンツァ神父の教授を受ける。ニカストロでは、ピエトロ家の三兄弟――ポンツィオ、フェッランテ、ディオニジオ、それに、カンパネッラが主謀者となった一五九九年の革命蜂起の際、みずからの代理とも呼ぶことになるバッティスタ・コルテーゼ・ディ・ピッゾーニとも親交を深めている（9）。

この頃からカンパネッラは、しばしばアントニオ神父（というよりも、伝統的なカトリックの教説を信奉している人たち）から、不吉な前兆とも言える警告を受けるほど、精神的な迷いを見せている。落ち着きを失っていると傍目には映ったのであろう。その警告とは「カンパネッラよ、汝は人生を首尾よく全うできまい」、つまり、安らかな死は迎えられない、という意味である（9）。スコラ的・アリストテレス主義に基づいて教育にあたっているアントニオ神父にとっては当然の忠告であったと思われる。というのも、カンパネッラの躍動する知的関心は、スコラ的勉学をとうに超えていて、知識欲は留まるところを知らなかった。知的に渇いた彼の精神は、聖書正典は言うまでもなく、各種の書物をむさぼった。ただアリストテレス主義には息苦しさを覚えたようである。

この時期はひたすら〈読む〉ことに没頭しており、聴講ノートも山ほどとっていたらしいが、すべて彼みずからの手で破棄された。「アリストテレスの著作はむなしく役に立たない知的体験だった」と記された書簡のみが遺されている（『書簡集 *Lettere*』一六〇八年五月ナポリ発、ローマのジョヴァンニ・ファブリ宛）。

ルネサンス時代を通して、教会や大学ではトマス・アクィナスの系譜を引くスコラ学派が教えられていた。ルネサンス文化はもともとこれに反する在野から起こった文化運動だった。

第3章　テレジオの「後継」を自任する

アリストテレスに対して批判的な見解をなぜカンパネッラが抱くようになったかは、定かでない。当時の知の潮流として、プラトン思想が一種の流行のようなもので、その流れに影響を受けたのかもしれない。また、プラトンよりは理念的でないアリストテレス哲学に、カンパネッラ自身の生理が反発した可能性も考えられる。彼は実験とか観察とかいう実践（技）と頭脳（知）の一体化を主唱しながら、みずからは進んで実践を試みることはなかった。一貫して「知」の人であった。この点、もう少しあとにナポリで親交を深めることになるジャンバッティスタ・デッラ・ポルタと決定的に異なる。

カンパネッラが「精神の師」と仰いだベルナルディーノ・テレジオ（一五〇九—八八年）も、同じく思念・理念の人であった。ジョルダーノ・ブルーノも、宇宙は無限だと主張したが、数量的に割り出したのでなく、（彼には不本意な言葉になるだろうが）きわめて詩的な想像力に基づいて着想されている。デッラ・ポルタや、これも同時代のガリレオ・ガリレイのように、思索もし器具や機械も作ったという人のほうが稀なのかもしれない。

ともあれカンパネッラはアリストテレスに批判を表明する修道士として、衆目の一致する人物となっていった。いわゆる論争好きタイプ（論客）の典型であろう。アヌンツィアータ修道院長もそれを見抜いていて、一五八八年八月、コセンツァで開催される、対フランチェスコ会との哲学論争に、ドメニコ会はカンパネッラを代表として派遣した。

ニカストロを発った二十歳のカンパネッラは、当時カラブリア地方の最重要都市であったコセンツァに向かった。コセンツァはナポリ王国の国有地であったので、地元の封建領主の支配に屈してはいなかった。その代わり各地の、貴族の中でも名門中の名門と呼ばれる一族が数多く暮らしていて、「顕職の都」とも言われ、六十三の名家で市内が占められていたと、ドメニコ会神父、フラ・ジィローラモ・サンビアーゼが『コセンツァ報告書』（一六二七年）に記しているほどの由緒ある中枢都市だった。

カンパネッラは、急遽書き上げた論文「事物探究論 *De investigatione rerum*」を携えて、論戦に挑み、「カラブリアで最も輝かしき都」で勝利を収めた。嬉しかったにちがいないだろうが、それよりも格段にカンパネッラを狂喜させたのは、コセンツァに居を構える哲学者ベルナルディーノ・テレジオの諸々の著作を入手できたことである。コセンツァのドメニコ会の修道院に逗留して、テレジオの著書をむさぼり読み、骨の髄までテレジオ信者になってしまった。

一五八八年より前にも、テレジオのものは断片的に読んでいたと思われる。八六年にテレジオは主著『固有の原理に基づく事物の本性について *De rerum natura iuxta propria principia*』（以後、

『事物の本性』と略記）の三訂版）を出版しており、カンパネッラはこの本も購入したことであろう。彼は、コセンツァでの大会時に是非テレジオと会って、議論をしたいと希（ねが）ったが、大会後、師の著作を読みふけっているうちに、テレジオは十月二十八日に天寿を全うしてしまっていた。間に合わなかったのである。彼はコセンツァ大聖堂に赴いて師の柩（遺体）に頭を垂れた。もっと早かったならば、と後悔の念にとらわれたカンパネッラは、一篇の詩にその懐（おも）いを託し、柩の傍らに添えて、時の経つのも忘れて冥福を祈った。

ベルナルディーノ・テレジオ

カンパネッラがテレジオの思想のどこに魅力を感じ信奉者となったかは、もちろん論じなければならないが、その前に、日本ではいまだに充分に紹介されていない、この重要な、南イタリア出身の十六世紀をほぼ生きた自然哲学者について言及しようと思う。

同時代、北イタリアを中心に活躍した人にジェローラモ・カルダーノ（一五〇一―一七六年）という、三次方程式の解法を公表した、本業は内科医である傑物がいるが、この人物がちょうどテレジオと同時代人ということになろうか。カルダーノはミラノ近郊のパヴィアで生まれている。テレジオは、ヴェネツィアの内陸都市にあたるパドヴァで大学生活を送った。カルダーノは無論のこと、テレジオも北イタリアの知（アリストテレス主義を中心とした思潮。パドヴァ大学は医学部で著名。コペルニクス、ヴェサリウスも学び、ガリレイは数学科の教授を務めた）の洗礼を受けている。

テレジオ家は名家であり、コセンツァを貫流するクラーティ川のほとりに住んだ〈古き善良なるクラーティ川の人々の子孫〉のひとりである。貴紳たちは閉鎖的ではあったが、十五世紀の中葉、詩人ポリツィアーノの友人で文通相手でもあったティデオ・アッチャリーニを招いて学校を開いている。その卒業生のなかから、アウロ・ジャーノ・パッラジオ（ジョヴァンニ・パオロ・ペリージオ）とアントニオ・テレジオ（一四八二―一五四二年）という二人の秀でた人文主義者が輩出した。

アントニオ・テレジオはラテン語学者で詩作もし、その名の示すとおり、テレジオと縁戚関係にあった。アントニオの弟がテレジオの父、ジョヴァンニ・テレジオにあたる。ジョヴァンニは、一五〇八年、フランチェスカ・ガロファロの娘、貴婦人ヴィンチェンツァ・ガロファロと結婚し、八人の子供を儲ける。その長男が翌一五〇九年に生まれたテレジオで、父方の祖父の名をもらってベルナルディーノと命名された。

テレジオは幼少の頃より、伯父のアントニオに教育され、八歳で伯父とともにミラノに赴いている。この優秀な伯父はやがてローマの高等学校（ジインナジオ・ロマーノ）で教鞭を執るため招聘され、テレジオを伴ってローマに向かった。テレジオは一五二三年（十四歳）くらいまでローマですごして、いったん離れてまた戻ってきて、一五二六年には教皇クレメンス七世（在位一五二三―三四年）から「コセンツァの聖職者」という称号を授けられている(9)。

この一五〇〇年代という時代は、前半はルネサンス盛期と重なるが（ダ・ヴィンチは一五一九年、ラファエロは二〇年、マキアヴェリは二七年、そして近年やっと傑作である叙事詩『狂えるオルランド』の邦訳が刊行された大詩人アリオストは三三年に死去し、ルネサンスは盛期を終え、一五六四年に八十九歳で他界するミケランジェロを残して後期ルネサンスに入っていく。テレジオが活躍するのは後期である）、前世紀末期から断続的につづいているイタリア戦争（一四九四―一五五九年）で、半島はドイツ軍（ハプスブルク家）やフランス軍（ヴァロア家）を中心に、オスマン・トルコ帝国や教皇庁まで巻き込んで、荒廃の中にあった。

一五二七年にドイツ軍による「ローマ劫掠」があり、アントニオとテレジオはコセンツァに避難した。二人は次にヴェネツィアに向かい、テレジオはパドヴァ大学に入学する。パドヴァ大学は一二二二年の創立、一五四五年に設けられた植物園は西欧でも最古の部類に属している。先に述べたように自然科学系統の学問が盛んで、パドヴァ学派というアベロエスの解釈したアリストテレス主義の思想の影響を受けた学問の流れの中心地であった。ルネサンス期、文芸や美術にすぐれたフィレンツェやナポリに対して、経験主義的な知の旗頭的な学芸の中心都市として位置づけられる。

テレジオは一五三五年（二十六歳）に学位を取得した。パドヴァ大学で学んだ事柄は、その後のテレジオの動きを見れば、反面鏡として映し出されてくる。彼はラテン語は言うまでもなく、ギリシア語にも長けており、パドヴァ大学の主流の知であるアリストテレス主義に反発を抱くようになった。それはテレジオがアリストテレスをギリシア語原典で精読していたからで、アリストテレスの中世的（スコラ的）解釈も同じく批判の対象となったわけである。彼は新たな自然の捉え方を模索する。

一五六五年に、『事物の本性』を世に問うまで、テレジオの人生は波風が立たないことがなかった。投獄、妻の死などの不幸にもみまわれた（後年長男を殺されたりもしている）。『事物の本性』の〈序文〉にもあるのだが、この間、ブレシア（北イタリア、ロンバルディア地方の都市）の哲学者ヴィンチェンツォ・マッジィを訪れて教えを乞うたことが、最大の収穫であった。

> 実際、かくも優れた人たち、多くの人々、人類の全人種が、何世紀もの間、これまで夥しくかつ重要な問題に対して誤りをおかしてきたアリストテレスを誉め称えてきたことであろうかと思われるのだが、私はアリストテレスについて談議するために、ブレシアのマッジィを訪ねる好機に恵まれた。氏こそ、周知のように、秀逸な哲学者で、その高邁な精神に関しては長い間、私の知るところであった。（『事物の本性』第一巻、序文）

マッジィから話を聴いておおいに得るものがあったテレジオは、二年後の六五年ローマで『事物の本性』の初版を出版した。七〇年に改訂版、八六年に三訂版をそれぞれ刊行している。

マッジィ自身はアリストテレスの原典の研究者であり、テレジオは自分のアリストテレスの読み（解釈）の正統性を問いに出かけたと推測される。というのも彼の二項対立（冷と熱との反発）的発想の雛形が、アリストテレスの『生成と腐敗について』にあったからである。その一方で、質料（ヒュレー）と形相（エイトス）についてのアリストテレスの見解には異論を唱えている。自然とは質料（ヒュレー）と形相（エイトス）では把握できず、感覚（知覚）で受容し計るもので、その（起）動因力となるのが〈冷〉と〈熱〉であるとする。

したがって冷と熱とは、事物の主たる起動因の原理であり、その二つによって止揚がなされ、宇宙が両極端の関係にある物質で占められ、またそうしたものが造られるのである。（『事物の本性』第一巻第四章）

〈冷〉と〈熱〉の二つの活動因のほかに、テレジオは第三の原理として、不活性の物質的塊を設けている。それは不動でみずから動く力のない場である。〈冷〉と〈熱〉は、この不活性で受動的な場で機動するわけである。

アリストテレスは〈冷〉〈熱〉に加えて〈湿〉と〈乾〉を四特質として挙げていたが、テレジオは後者二つを棄てて、場を加えたことになる。つまり空間の概念であり、やがて彼が時間を視野に入れて論を展開していくのが予測される。また霊魂については、実体があるとして、事物の中に包まれている種子から派生すると考えている。きわめて唯物論的霊魂説である。

こうした内容は理性でもってでなく、感覚による経験で知るものであり、感覚知を第一義と考える思想を生み出す。霊魂種子説と感覚知による自然認識は、一見近代的な経験尊重の唯物論的と映るが、自然のなかに霊魂（生命）を見ようとする姿勢はアニミズム的自然魔術の域を出ていない。つまり有機的一元論である。テレジオは、実験も観察も行なわず、以上の経験主義的見解を机上で考えるに終始している。

一五六六年にテレジオはコセンツァ・アカデミーを創設して、自然学の研究をつづけ、ブルーノ、カンパネッラ、ペルージオなど、たくさんの信奉者を得ている。また、後にフランシス・ベーコンがその唯物的経験主義的面を評価して「最初の近代人」とも称賛するに至る。とりわけカンパネッラは、テレジオの思想的位置の確立、普及におおいに貢献した。

カンパネッラはテレジオの全作品をすでに読了していたことであろう。彼はテレジオの思想に対して、その考えが他の何人よりも進歩的であったこと、それも、幻想でなくて感覚を伴った可視的なものから真理を推論している、とみなして高い評価を与えている(10)。彼はテレジオの思想の「後継」であらんとした。これは当時すでに流布していた新プラトン主義の形而上学に近いところにカンパネッラがいたことを示している。簡単に言えば、若きカンパネッラは、テレジオを研究しているうちに、テレジオの自然学の対象を、純粋に受け継いだのである。つまり逆説的になるが、それには感覚知に加えてテレジオのまさに唯物的な形而上学も含まれていたのである。

第4章　清純な反駁

コセンツァを追われて

テレジオの死後もコセンツァの修道院に滞留しつづけたカンパネッラは、アブラハムという名のユダヤ人占星術師かつ降霊術師と知り合いになる。好奇心が人一倍強いカンパネッラは占星術に魅了される。

彼は、たぶん誰しもそうであろうが、自分の誕生のホロスコープに思いを寄せた。というのも、カンパネッラの頭には七つの瘤があって、それが将来大事件を起こす兆しであるとされたらしい。これをカンパネッラ自身が占ったのか、アブラハムが瘤を見つけて予言したのかは定かではないが、「将来の大事件」は正鵠を得ている。

二人の間にはたちまちのうちに親密な友情が生まれ、修道院の内外など意に介さず、議論がはずんだ。談論風発で結構なことだが、建て前上、占星術はキリスト教では異端として禁じられているし、降霊術をともなう黒魔術の話も決してふさわしいはずがない（占星術は禁止されていたとはいえ、教皇のなかにもつねに占星術師を連れて歩いていた人物もいたので、黙認の状態にあった）。

アブラハムはユダヤ人で律法学者でもあった。異教徒との交わりは排他的なキリスト教の立場からすれば好ましくない。ユダヤ人は「離散（ディアスポラ）」によって、とりわけイタリア半島の東側から南側にかけて昔から住みついていて、十一世紀、アラブ民族・イスラム教徒が政治的に地中海の覇権を掌中にしていたとき、商業面での覇権を握った。「守銭奴」などと悪口をたたかれているが、商才に長けた、数に明るい民族とされていた。

コセンツァのドメニコ会修道院は、カンパネッラの公然とした異端とのつきあいや不敵な態度を見逃すわけがなく、コセンツァを離れるように命じた。カンパネッラは片田舎のアルトモンテの修道院に行かされる。そのあとをアブラハムがどうやら追っていったらしい。それを目撃した修道士がいるという噂が遺されている（10）。アルトモンテ修道院という鄙（ひな）で二人はくつろいだ気分で、誰にも邪魔されず、話に花を咲かせたにちがいない。

アルトモンテは荒寥とした、孤立した土地柄だった。その凄愴な風土がかえってカンパネッラの知的刺激となった。この地で、近郊のカストロヴィッラリの医師、ジョヴァン・フランチェスコ・ブランカ、ロジャーノの医師プリニオ・ロリアーノと知り合う好機を得る。彼らとの共通の話題は哲学なのだが、広範囲にわたっていて、二人が医師ゆえだろうか、ヒポクラテス、ガレノスといった古代ギリシアの医家に関して、またプラトン主義、アリストテレス主義について意見を交換し合った。みなテレジオの思想に共感しているので、すぐに同好の輪は広がり、カバラ、魔術、ヘルメス文書にまで話題はふくらんだ（10–11）。

まさしく、アルトモンテ・アカデミーの誕生と言ってもよいであろう。類は友を呼ぶという諺どおり、地元の豪族アックアフォルノーゼ・ムリオ・カンポロンゴ、法学者パオロ・グアルティエーリ、記憶術の達人ルイジ・ブレシィア・ディ・バドラートも加わった。

こうして新しく加わった仲間たちから、法学者ジャーコモ・アントニオ・マルタ著の『強固なる師アリストテレスがベルナルディーノ・テレジオの原理を反駁す *Pugnaculum Aristotelis Adversus Principia Brernardini Telesio*』という書を、カンパネッラはわたされる。黙って手をこまねいている性格のカンパネッラではないのは明々白々で、即刻激しい反論で応酬するが、今回は口だけではもの足りなかったのだろう。一五八九年の一月から八月にかけて、彼の現存する最古の書『感覚で確証された哲学 *Philosophia Sensibus Demonstrata*』を一気にものした。古代と現代の文献・資料に論拠を求めつつ、テレジオの正当性を立証することをめざしたものになる予定だった。

一方、アルトモンテ修道院長には、本が出版される以前から、カンパネッラの存在は困惑の一語に尽きた。カンパネッラたちの話している内容が頑迷固陋な院長の理解度を超えていた。管区修道院長ピエトロ・ポンツィオ（彼は、カンパネッラが、ニカストロのアヌンツィアータ修道院にいたとき親交があった、ポンツィオ三兄弟の一番下の弟である）は院長の知らせを受けている――カンパネッラが間違った主義主張で、在俗信者とも連絡を取り合い、議論をしている、と（10-11）。

テレジオゆずりの反アリストテレス的思想がやはりまずかった。おのずと緊張と不安の入り混った雰囲気が生まれ、友人たちの訪れも減りはじめた。

一五八九年十月カンパネッラは書き上げたばかりの草稿を隠し持ってアルトモンテ修道院をあとにした。逃亡なのか、院長の命令なのか判然としないが、同月中には、カラブリアから脱してナポリに到着している。

『感覚で確証された哲学』

『感覚で確証された哲学』はアルトモンテの修道院で口述筆記の形で記されている。その「序文」を読んだだけで、この田舎の修道院で展開された情熱あふれる文化活動の一端を知ることができる。八つの論題を中心に議論が展開されているが、みなテレジオの思想に好意的に書かれている。本論の前に「序文」が置かれているが、ここには自分の学びの歴史が綴られていて、プラトン、アリストテレス、ピタゴラスなどの著作との出会いが記されている。そして話題の中心はアリストテレス哲学への疑問・批判へと集中していき、その中でのテレジオの思想を知った悦びが語られる。

ここには何ものにも侵されていない、若きカンパネッラの純粋な精神が見られる。いまだジャンバッティスタ・デッラ・ポルタの影響も稀薄であり、やがて彼のほぼ中心課題となる政治的・宗教的関心事にも言及しておらず、みずからが救世主であるという妄想に取り憑かれて、革命を企てようなどとも考えていない、純真なカンパネッラがいる。前ソクラテス的な清純さという比喩が当を得ているかどうか断言はできかねるが、それに近い状態で、世界と人間について深く考察をめぐらしている姿が浮き彫りにされている。

要するに、思想的目的はテレジオの偶像化なのだが、見方を変えると、この「序文」を読み解くことは、スコラ学の凋落の軌跡をひとりの青年の中に看取することでもある。その意味では、きわめて貴重な記録であろう。新たな学知との橋わたし役を近い将来、カンパネッラが担う予感も漂っている。つまり、ガリレイやデカルトの冬芽が見出せるのである。

「序文」の最初の部分の大意を少し書いてみよう。

聖俗界を問わず、著述家の務めとは、己のことよりも、真理を確固と捉えるのが肝要で、真理の究明こそ第一義である。真理とは、至高なる神より流出する光に照射された意志の力で、正義の側に立てば、あたかも隠れた力が顕われるかのように、闇の中から姿を現わす。そして万物に畏敬の念を抱かせ、森羅万象の上に浮かび上がってくる。したがって真理とは、感覚と知力がともに備わった霊魂に該当する事物、その事物から生まれ出る認識である。そうした事物はすでに創造されていたのであって、いまも現に存在し、宇宙の至高の創造主から配剤されている。宇宙の創造主の在り方としては、宇宙の中で存在し、宇宙に包含されていて私たちの全感覚で感じ取っている事物を、同じく宇宙から引き出すのである。そういったものをめぐる、始原、量、形相、固有性、諸相、変質を創造主は見つめてきた。

事物じたいは己がどのようなものであるかを明示している。それを私たちは理性で信じてきたのではなく、種々なものを相対立するものとして捉えてきたが、知力あるスピリトの持つ固有の力の流れのせいで、なかなか特定化できない。

結論として、事物の本性を究明するにあたって、感覚に一任すべきだ、ということである。そうすれば、実際そうであり神もそうであったように、感覚は直截的に役目を完うするはずである。感覚を理解しようとする態度は、人間精神の中で、ある種の欠陥のせいで無理だと判断されている。むしろ、神が万物を創造し、被創造物を統べてきたがために、感覚は抑圧されていたと言えよう。五年間ずっと全身全霊を傾けて読書してきた結果、神以下の創造主はいない、という結論に達した。古代の哲学書、特にアリストテレス学派、プラトン学派の著作が興味深かったが、その他の書物は退屈であるばかりでなく、私の感覚的経験と矛盾していた。

ドメニコ会の教団長からは懐疑の眼差しを向けられるし、その指導にも従わなかった私である。一方で、多くの師が苦労して理解したつもりでも誤りでしかなかったアリストテレスという偉人の説に私は目を向けず、そのためか、兄弟弟子たちとも袂を分かつはめになった。


以上、「序文」のうち初めの方の内容なのだが、カンパネッラが、（テレジオの影響を受ける以前から）自分の感性と知性で物の理を考える青年であったことが明らかにうかがえる。自主独立の精神に富んでいたと言えるであろう。「真理の究明」のため、カンパネッラは自己の進むべき道を模索する。「神以下の創造主はいない」といった表現も実に逆説的で興味深い。また引用文中の、「宇宙の中で存在し、宇宙に包含されていて私たちの全感覚で感じ取っている事物を、同じく宇宙から引き出すのである」という文の内容は、古来から自然魔術師のとるべき姿勢とされていて、カンパネッラの思考の有り様が魔術的なもの（大宇宙から力を引き出す）であることがうかがえる。テレジオも、カンパネッラと同じく自然魔術師であった。自然魔術師の特長としては「あるがままに自然を見つめる」という態度と汎感覚主義の立場にあったということである。

テレジオが優れていて尊敬に値するのは、事物の感覚から検討して、真理を推論する上で、人間の言葉でなく、事物そのものを直視して、感覚を介して事物を探究する方法を是としているからである。したがって親アリストテレス主義からの反駁も受けるが、その人たちのなかに、要約末尾のような、アリストテレスの枠を超えて、自由に物事を考えよ、と述べる人も出てくるのである。

カンパネッラによるこのきわめて重要な著作は、テレジオ哲学の単なる擁護を練り上げたものではない。なるほどテレジオ哲学の教説はカンパネッラの自然観を示しうる出発点であった。しかし彼は、テレジオとプラトン主義を、自著の中で比較検討したのである。その結果、アリストテレス哲学と衝突することが明らかとなって、アリストテレスは不敬虔、無知、キリスト教の神の敵と化した。また、アリストテレスからトマス・アクィナスを引き離して、テレジオ称賛への道筋をつけた。テレジオこそ、真に、キリスト教の哲学者だと断言しうる人物である、とカンパネラは判断している。神の創造と、人類に対する神の摂理を強調し、主張しているのである。

アルトモンテには、ユダヤ人の占星術師であるアブラハムもいたようなのだが、序文には触れられていない。

カンパネッラは素質の面からも、また自身が詩人であることからも、アリストテレスの自然学とは異なった考え方を、あらかじめ持っていた気がする。アリストテレスは『詩学』という著書はあるものの、「詩人」ではなかった。テレジオの著作との出会いはカンパネッラの詩的才能にも知的刺激を与えたのではあるまいか。

第5章　ナポリに滞在する（一）――デッラ・ポルタ家との出会い

さて、『感覚で確証された哲学』の草稿を持ってアルトモンテの修道院から脱け出したカンパネッラは、陸路と海路を用いて、海上からナポリに同年の十月に上陸した。折り悪しくシロッコの時節にあたり、劣悪な天候であった（12）。

ナポリには当時、およそ七百人のドメニコ会士が住んでいて、九つの修道院に分かれて修道生活を送っていた。

ナポリに上陸したのは、カンパネッラひとりではなかった。実は、例のユダヤ人占星術師アブラハムもいっしょだった。アブラハムはカンパネッラの素質と好奇心を見込んで、オカルト学へせっかく傾いた関心を、さらに情熱へと変容させようとしていた。アブラハムにはわかっていた。オカルト学にカンパネッラが惹かれるのは、時代の一種の反映で、示唆でもあること、不安な心境にカンパネッラが在ることを。この精神の不安定さを補完するのは、キリスト教以外の、異教的なオカルト的知識しかないからである。カンパネッラは、正統カトリックの出先機関であるコセンツァ修道院長から、ナポリへの途中の宿の手配を拒絶されている。海辺に出て、海路を用いたのもそのためでもあろう。こうした外圧に加えて、他人とちがう思想、それも当時の知に逆行する反アリストテレス主義のテレジオの信奉者となってしまって抜けきれない内的葛藤、またそれでよしとした自分への決着など、内面での揺らぎがあった。

アブラハムは、弟子筋のカンパネッラが異端者の烙印を押されないうちに、隠微(オカルト)哲学を伝授するつもりだった(Headley, 19)。

国際文化都市ナポリ

後年カンパネッラが『太陽の都市』にも記しているように、十七世紀前後のナポリの人口は三十万人にも及び、広大なナポリ王国(スペインの属州で、スペイン王国の代官である総督が直接統治)の首都であった。さまざまな人種や文化が往き交い、混ざり合って、コスモポリタン的国際都市に達していた(しかしナポリが前面的にこの「ナポリ色」を打ち出すにはもう少しあとになってからである)が貧富の差が激しく、ラッザロ(ラッザローネ)と呼ばれる最貧民層が無数にいれば、一方には大邸宅を構える貴族たちがいた。

上陸後、カンパネッラは九つのドメニコ会修道院の中で最も著名な、サン・ドメニコ・マッジョーレ教会に投宿する。カンパネラの名は、コセンツァで開催された(一五八八年八月)対フランチェスコ会との哲学論争で勝利を掌中にした人物としてすでに知れわたっており、当然出迎えの会士たちがいたはずで、カンパネッラが凱旋者のごとく案内されたとしてもおかしくはあるまい。

サン・ドメニコ・マッジョーレ教会は、十三世紀末から十四世紀前半にかけて、当時のナポリ王国支配者であったフランス・アンジュー家（のカラブリア公シャルル）の発願で創建された。そのうち、ドメニコ会士の求めに応じて譲渡され、ナポリの文化的中心として大学のような役割を果たした。つまり教会法の学問所でもあったのである。

修道院は蔵書の宝庫であり、修道士たちはすぐにカンパネッラに読書の機会を与えたと思われる。一世代前ジョルダーノ・ブルーノ（一五四八年生まれで、カンパネッラとは二十歳、年齢差がある）が読みふけった書を、カンパネッラも手にすることができた。キリスト教にとっては危険な本も山積されていた。ルクレティウス（前九〇年頃――前五五年頃）、フィチーノ（一四三三―九九年）、さらに風変わりな新プラトン主義者であるルカヌス（ピタゴラス人派系のプラトン主義者。ギリシア人で著述家でもあり、詩を客観的な記録とみなす立場をとって、教訓詩も書いた。ラテン語に唯一訳されているのは『普遍自然論』のみ。『太陽の都市』執筆に大きな影響を与える）の著作が、いっそうカンパネッラを読書へと没頭させていった（Headley, 20）。

こうした異端的書物を悠然と読めたのは、同教会がいかに学問的に威信のある伝統を有し、ドメニコ会派の巨匠でナポリ大学の卒業生でもあったトマス・アクィナスの講堂を持つほどであったにしても、適度の緊張を失ったナポリ人たちの泡のような生活に、修道士たちが呑み込まれてしまっていたからである。だいたい、修道院の蔵書の種類や収集方法が、世俗のナポリ大学のそれと同じであったので、修道院でも自由な知的交流が可能だった。ブルーノの思想もその知の交換の場で形成されていったのである。いまそれと同じことがカンパネッラに起ころうとしていた。彼はここナポリの教会で新プラトン主義の根源へとのめり込んでいく。ルネサンスの新プラトン主義は正確に言うと新・新プラトン主義で、フィチーノがプロティノス著『エネアデス』を翻訳してから急速に広まった思潮である。

教会では修道士セルフィーノ・リナルディと親交をもった。彼は後年、獄中のカンパネッラと彼の著作を出版するドイツの銀行家フッガー家との仲介役として、数年にわたりカンパッネラのために尽力することになる。

その後、教会を出たカンパネッラは、サン・ジョルジョ・モルゲートでの修練期（十代半ば）に知遇を得たデル・トゥーフォ侯爵家に滞留する。当主ジェロニモ（一六〇六年没）の息子マリオは瀟洒な別荘でカンパネッラを歓待した。

デル・トゥーフォ家のマリオも、父のジェロニモもテレジオの思想の積極的な支持者であり、テレジオ信奉者を庇護し、この青年の心底に潜むテレジオ信仰を促すつもりであった。やはりドメニコ会士であるカンパネッラの気持は、いまだにどっちつかずの状態だったからである。デル・トゥーフォ家には、ナポリの超一流の人物が訪れており、カンパネッラはテレジオ派の哲学者アントニオ・ペルージオにも引き合わされ、ついに、ナポリ人たちの最高級の文化人サークルと接することになった。それがデッラ・ポルタ家を中心とした人たちの集いである。

デッラ・ポルタ家の兄弟

デッラ・ポルタ家は、スペイン統治下になってから開発されたくトレド通り（Via Toledo）の中間点に位置する現在の「カリタ広場 Piazza della Carita」（慈愛の広場の意）の近くにあった。豪邸そのもので、ヨーロッパ各地から当代の知識人たちが頻繁に訪れてきていて、知的活気にみなぎっていた。

デッラ・ポルタ家には三人の兄弟がいた。

長男がジョヴァン・ヴィンチェツォ、次男がジョヴァン・バッティスタ（一五三五頃―一六一五年）、末弟がジョヴァン・フェッランテである。三人それぞれ、裕福な家計を知的活動に有効に用いて個性的であるが、次男のジョヴァン・バッティスタに焦点を合わせると、長兄と末弟がこの『自然魔術 *Magia Naturale*』の著者で劇作家としても著名であった次兄をさまざまな面で援助したことになる。

三人には各々家庭教師がつけられていて、その人文主義的教育方法と、各地からの著名人たちの人柄に感化されて成長していく。

長男は、長じて、書籍、彫像、太古の大理石やメダルの収集家として名をはせる。アウトドア派というよりも書斎派で、とりわけ書物のコレクションに専心した。

末弟は、数学と医学の分野に秀で、二つをうまく構成することで、魔術と密接につなぎ合わせ、同時代の魔術理解の上では一家言持っていた。

次男のジョヴァン・バッティスタ（ジャンバッティスタ）・デッラ・ポルタは、兄の収集した物品を見、集められた多量の書物を読んでおり、あまりあるほど利発で、人柄も飾らない人物だった。裏を返せば、性格的にひねくれておらず頭脳も明晰で、受容力を十二分に持ち合わせていたがため、良い意味で、長兄の意のままに研学を積んだ。また末弟からは自在に、占星術や古典的予言方法を修得できた。また地質学の標本のコレクションも見せてもらっている。末弟の自慢の研究成果だった（Headley, 22-23）。

ジャンバッティスタは、一五六〇年、二十五歳のときに、通称「自然秘密学院（アカデミア・セクレトールム・ナトゥラーレ）」を邸宅内に設立して、客観的学問研究の礎の場とした。この知的サークルは、一五四〇年代には基本構想が練られていて、実験的研究を行なう集いの場として、早くから設立の計画がされていた。「自然秘密学院」では自覚的にある種の単純な実験が繰り返された。その結果がジャンバッティスタ著『自然魔術』全四巻（一五五八年）に表現されている。ここでの実験の意味は、実験という概念の発展段階でみると、まだ初歩的なものであった。

ジャンバッティスタは、ネッテルハイムのアグリッパ（一四八六―一五三五年。ドイツの秘術家。『隠密哲学』一五一〇年がある）につづいて、観察者のみならず実践家として、また両者の世界の橋わたしをする人物としてみなされ、自然魔術師の評価を得た。「上なるものと下なるもの一致」という、大宇宙と小宇宙の感応・照応の思想が彼の自然魔術の基本理念であるが、ひとつの特徴として、彼の関心は例外的なもの、尋常でないもの、明らかに奇蹟的な事柄に向けられている。

それゆえ彼の自然魔術を経験主義の息子として排するのは容易だが、彼は事実と理論を分かちがたく結びつけることで、哲学的な大前提（天地照応の思想）に則って、文字どおり実験を行なっていたのである。天地照応の思想とは、〈宇宙の調和〉への堅い信念である。数や和声のみならず事物そのものにあっても〈調和〉が反映されていなくてはならない。

ヘルメス思想とテレジオ哲学の思潮が、ジャンバッティスタを中心に醸成され、天と地を二つに分ける伝統的なアリストテレス主義者は相手にされなくなっていった。しかしテレジオの「冷と熱」の思想はきちんと入っている。ジャンバッティスタの主著『自然魔術』（改訂版、一五八九年、全二十巻）から引用してみよう。

ところで四つのうち二つ、即ち熱と冷とは積極的な特性で、自ら動くのに適し、他の二元素（火、水）に働きかける、湿と乾とは受動的である。……（第九巻第四章）

ジャンバッティスタ

カンパネッラは、ジャンバッティスタの絶頂期、つまり自然秘密学院の最盛期に入会した。一五八六年『観相術』を、八九年には『自然魔術』の改訂決定版（全二十巻）を世に問うたジャンバッティスタであった。彼は恃(たの)みとするヨーロッパ文化に匹敵するもの、つまり全知の代名詞である〈賢者の石〉発見の間際にいたのだろう。そのまもなく、筒眼鏡（望遠鏡）の開発、光学上の暗室の発明と、名声は高まる一方だった。ガリレイより筒眼鏡を早く創ったのがジャンバッティスタであった。

学院内での知識人との会話の中でジョルダーノ・ブルーノの信奉者の話を聴いて感銘し、社会や宗教の変革について模索中であったカンパネッラは、このジャンバッティスタから多大な影響を受けた。

また、フェッランテ・インペラートなる人士と知り合っている。『博物誌論』という著作を十六世紀末にものすることになるこの人物の家には、「驚異の部屋」と呼ばれる著名な博物館があって、カンパネッラはただただ驚嘆するばかりだった（Headley, 24）。博物誌の面でジャンバッティスタもフェッランテには一目置いていたという。

カンパネッラは後年、主著となる『事物の感覚と魔術 *Il Senso delle Cose e la Magia*』の構想をここ自然秘密学院で得ることになる。ジャンバッティスタと議論することで、魔術の基本理念のひとつである〈共感と反感〉については、師自身も説明しがたいことを知ったが、カンパネッラの目が新たな世界へと開かれたことだけは断言できる。カンパネッラはまた、現場で役に立つ実践占星術の研修も積んでいった。

さらにカンパネッラは、自然秘密学院から、博物誌の大切な意義のほか、カンパーニャ地方の行政の仕事もしていた師ジャンバッティスタの正義感あふれる人物像から、知的形成期に当代の客観知（シエンツァ）を修得している（しかし後年の預言者、政治変革者としてのカンパネッラの思想は、師から得たものとは別種である)。しかし直截的で可触的なものを探求したジャンバッティスタには、カンパネッラの哲学的、神学的思想性が見抜けなかっただろう。

ここ、ナポリでジャンバッティスタの自然魔術、テレジオの感覚的自然観、アブラハムのラビ的占星術がカンパネッラの中で融合されて、包括的で浸透力充分な、刷新・変革観が育った。それは地域政治のみならず宇宙的規模のものでもあった。カンパネッラに同行してきたアブラハムは、自分の影響を受けた弟子がジャンバッティスタと交流を深めるのに目を細め、カンパネッラとともにオカルト的学知を培っていった。

このように三つの思想的影響下で、カンパネッラは「哲学者にして魔術師」というような立脚点をみずからの裡(うち)に培うようになる。

第6章　ナポリに滞在する（二）――処女出版と初めての告発

カンパネッラのナポリ滞在期間は、一五八九年（二十一歳）の十月から一五九二年（二十四歳）の九月の初めまでのほぼ三年間であった。

カンパネッラが逗留していたデル・トゥーフォ家の裕福な生活は、食卓にも顕著だった。若い修道士カンパネッラの食欲は旺盛で、豪華な宴会は愉しみのひとつであった。こうした経験を積み重ねるうちに、分析家であるカンパネッラは、贅を凝らした食事と冷たい飲み物は病気の原因となると考えるに至る。また一五九〇年の夏の暑い日、豪勢な昼食をしたあと、乗馬を精一杯愉しんでいるが、このため体調を崩して、何週間かベッドで静養し、ポッツオーリ近郊の温泉で健康を取り戻す不始末もやっている。

著書の出版

初期の主著『感覚で確証された哲学』の出版にあたっては、一五九〇年にナポリの印刷業者オラーツィオ・サルヴィアーノの所で活字化され、ドメニコ会上層部の認可を受けないまま、翌一五九一年、デル・トゥーフォ家のマリア・デル・トゥーフォに〈献詞〉するかたちでナポリにて上梓された。この〈献詞〉は何を意味するかというと、出版の費用をマリアが出してくれたわけである。マリアはこうした知的書物の出版で、自分の名誉欲を満たし、パトロンとして〈献詞〉で称えられることになる。マリアは、トスカナ大公フェルディナンド一世にカンパネッラの本を贈って紹介もしてくれている。

カンパネッラは著書出版による戴冠の夢を上梓そのものに見たことであろう。もちろん出版者であるナポリ人サルヴィアーノは教会側の目を気にせずにはいられず、合法と非合法のぎりぎりの線上での試みであった。ドメニコ会の許可もなく、出版じたいあまりにも向こう見ずな行為であった。

F. THOMAE
CAMPANELLAE
CALABRI DE STYLO,
ORDINIS PRÆDICATORVM PHILOSOPHIA,
SENSIBVS DEMONSTRATA,
In Octo Disputationes distincta,
Aduersus eos, qui proprio arbitratu, non autem sensata duce natura, philosophati sunt.
Vbi errores Aristotelis, & asseclarum ex proprijs dictis, & naturæ decretis conuincuntur, & singulæ imaginationes, pro eo à Peripateticis fictæ prorsus reijciuntur cum vera defensione Bernardini Telesij Consentini, Philosophorum maximi, antiquorum sententijs, quæ hic dilucidantur, & defenduntur, præcipuè Platonicorum confirmata: ac dum pro Aristotele pugnat Iacobus Antonius Marta, contra seipsum, & illum pugnare ostenditur.
Ad Illustrissimum Dominum D. Marium de Tufo.

NEAPOLI, Apud Horatium Saluianum. 1591.

『感覚で確証された哲学』初版
(Napoli, Orazio Salviano, 1591)

あるがままに見つめる

ナポリ滞在中、カンパネッラはデル・トゥーフォ家に世話になりながら、短期間だが、プーリア地方のターラントまで足を伸ばしている。ターラントは、古代、タラスと呼ばれ、かのピタゴラスが活躍した臨海都市である。このターラントへの小旅行でカンパネッラは、毒グモであるタランチュラを観察して、世界ではじめてタランチュラについての見解を述べる（14）。

毒グモと、これに咬まれると中毒性の舞踏病に罹患する人間との関係に彼は関心を持った。病に興味を抱くのは魔術師として当然なのだが、依然ドメニコ会士のカンパネッラにも、アブラハムなどの影響によって、いつのまに魔術師としての素養が出来上がっていたのだろう。

病気関連では、枢機卿マッフェオ・バルベリーニが痛風に悩む教皇クレメンス八世（在位一五九二―一六〇五年）を慰撫するために献じた頌歌に評釈を加える機会にも恵まれている。その評釈で、ダヴィデがシターンの音色でサウル（イスラエル三代目の王、その次がダヴィデの治世）の悲嘆をなぐさめたように、バルベリーニの詩が痛風のスピリトを和らげていると評した（14）。

この音楽治療をカンパネッラは、タランティズモの治療に応用する。彼はタランチュラの足を観察・分析した結果、刈り入れの時期に人が咬まれる率が多いのを発見した。咬まれると、にわかに人は昏倒してしまうが、音楽を用いると、心臓がゆっくりと再び動きはじめて、汗とともにクモの毒は流れ出ていくという。

彼はタランティズモの治療以前に、ピタゴラスについての伝記（ピタゴラスの伝記で権威あるものは四点しか現存していない）の脚註を読んでいて（15）、音楽が治療に果たす威力の記録を明らかに知っていた。摩訶不思議な音符も考案している。音楽の力で、気分・情感が一変するし、そればかりでなく、楽器じたいも具体的な治癒力を有している、というのである。

たとえばティンパニィーやトランペットは戦う人びとに見合った速い動きをいざない、ついに乱闘に没頭させる。教会では諸々のオルガンの音が調和して敬虔さを喚起させるが、結婚式の場合だと、好色性に刺激を与える音となる（16）。

一方で、音楽は苦痛を除去する可能性のあるものとしても古来認められていて、古代の人たちは、歌が苦しみをなくしたり、悦びを招いたりする原動力であると明言している。プラトンも、音楽は国家の習慣や諸法律や情況をすら変えてしまうもの、乳飲み子さえ鎮め、音に敏感な人は泣くのを止めて眠りについてしまうとも述べている。音楽はスピリトの運動を再度整え、平衡や調和をもたらす。舞踏で生ずるリズムに乗った一体感をかもしだすのであり、自然との調和を旨とする彼の思想に見合ったものとなろうか。

カンパネッラは音楽だけに興味を持ったのではなかったのはいうまでもない。

初めての告発

カンパネッラがマジョーレ教会の図書館に通い詰めていたのはすでに述べた。修道院の玄関前のポーチの壁には「修道院長の許可なくして本を借り出す者、全員、破門」の脅し文句の碑銘が彫られていた（Headley, 26）。カンパネッラはこの警告を嘲笑した廉（かど）で告発された。

一五九二年五月、彼は、サン・ドメニコ修道院内に収監された。カンパネッラも、皮肉をこめて次のように言い放ったのだったから仕方ない。

「破門がいったいなんだ。破門されたら食っていけないとでも思うのか」さらに、「俺は小指の爪の下に、友人である悪魔をかくまっているんだ」と実践魔術家を気取った（『書簡集』一六〇七年七月、ナポリ発、ローマのガスパレ・ショッピオ宛［cit. in Headley, 26］）。

審問にのぞんだカンパネッラと裁判官との間での問答は以下のようであった。

「これっぽっちしか知識のなかった者が、いかにして豊かな知識を身につけられるのだろうか」裁判官の言葉に対してカンパネッラは次のように応えた。——私は、「ワインを飲み明かすよりも灯りの油を使い果たした」からです（同前）。

彼は聖ヒエロニムスの金言を即座に持ち出して、自分が夜を徹して勉学に励んだことを主張し、暗に他の修道士たちを批判したのである。

つづいてカンパネッラの弁明は、アリストテレス哲学への急進的批判論を生み出したテレジオの主義主張へと移った。しかしカンパネッラがどんなに精力的にアリストテレス主義から教会を解き放とうとしても、教会側には、教会への攻撃と受け取られる。アリストテレスへの難詰が即ち聖トマスや全教会の教義への指弾と解釈されていたからである。

しかし幸いにも、当局からの宣告にせよカンパネッラ自身の告白にせよ、異端の疑いまでにはいかなかった。判決文によると、八カ月間の監禁につづいて、聖トマス・アクィナスのためにテレジオの思想を棄てるよう命じられた。そしてその前に八日間、いったん故郷に帰ってもよいと猶予期間を与えられた。この裁判は、あくまでドメニコ会内部の一件として扱われ、カンパネッラは懲戒処分を受けただけであった。

しかし、カンパネッラにすれば、岐路に立たされたことになる。おとなしく故郷カラブリアから戻り、ナポリにて監禁されて時を費やすか、あるいは自分の思想を深めて見果てぬ未来に夢を託すか。

彼の内にはすでにある種の自信が萌していたと思われ、それに賭けてみる気になったのだろう。一五九二年、九月五日（奇しくも彼の二十四歳の誕生日）にローマに向けてカンパネッラは旅立つ、いや逃亡することに決めた。猶予期間の約束事を破ったわけである。

これから再び南イタリアに戻ってくるまでの七年あまり、彼の中部、北イタリアをめぐる旅が始まる。それは一種の新たな知との出会いともなったし、もちろん逃亡生活でもあった。

第7章　北イタリアへ向かう

ところで、ナポリのサン・ドメニコ修道院内に八カ月間も異端の嫌疑で監禁されるはずだったカンパネッラが八日間に猶予期間を与えられて釈放されたのには、裏で有力者の工作があったと言われている。

先に述べたように、カンパネッラはナポリで、デル・トゥーフォ家にたいへん世話になり、一族のマリオの計らいで『感覚で確証された哲学』出版の恩義に浴しているし、現在も保養地として名高いナポリ近郊のポッツォーリのマリオの別荘で、病気中の静養もさせてもらっている。

このマリオが密かに動いていた。マリオのローマでの代理人であるドン・ジュリオ・バッタリーノにカンパネッラに有利になる情報を集めさせていたのである。

バッタリーニは大公秘書官のロレンツォ・ウズインバルディに話を持ちかけ、釈放の早期実現を依頼した。バッタリーニの再三再四の懇願によって、トスカナ大公の名でナポリのドメニコ会に一報が届けられ、カンパネッラは監禁を解かれたのである。トスカナ大公フェルディナンド一世（一五四九―一六〇九年）は、前年の一五九一年にカンパネッラをすでに紹介されていた。

これは、フェルディナンド一世とデル・トゥーフォ家との絆の強さを教えてくれる。もともとフィレンツェとナポリは、財政（フィレンツェ）、軍事（ナポリ）と、相互依存の関係にあったのだが、すでにスペイン・パプスブルク家の属国であるナポリ王国は、ナポリであってナポリでなく、またナポリでなくてナポリである、という、スペイン治下にあってあやういアイデンティティの下に存在していた。

マリオは、こうした政治情勢の中で、フェルディナンド一世と〈騎馬〉を介して親交を深めるに成功していた。ナポリのあるカンパーニァ地方の、隣接地、アドリア海に面するプーリア地方で、フェルディナンドは〈騎馬〉の飼育を営んでいて、マリオはその飼育方法に賛辞を惜しまなかった。マリオがローマ逗留中の一五七〇年代の半ばに競馬が実施されており、百頭以上のプーリア産の馬がいたと言われている（21）。

カンパネッラは、こうした裏話を知るよしもないが、トスカナ大公に紹介状が出されていたことは知っていたらしく、大公の庇護の下である目的を達成しようと考えていた。

まずローマへの逃亡を決めたカンパネッラだが、デッラ・ポルタ家はじめ、知的雰囲気に満ちあふれていたナポリを離れて、若冠二十四歳の若者が南の知から北の知へ、ドメニコ会の派閥闘争が激しい北イタリアへ向かうのは、乗り気がしなかったと思われる。

しかし、トスカナ地方の大学（おそらくピサ大学かシエナ大学）での形而上学の講師職就任に希望的な観測を抱いてとにかく北を、そしてまずローマをめざしたと言っても過言ではなかろう。当時、とりわけピサ大学は、トスカナ大公初代のコジモ一世（一五一九－七四年）、次代のフランチェスコ一世（一五四一－八七年）の支援で、ヨーロッパ屈指の大学として著名であった。数学や天文学を教わる上で、秘学的要素の強い学風は、カンパネッラを惹きつけたであろうし、メディチ家お抱えの学者たちの、プラトン主義への水際立った評釈も、青年カンパネッラの向学心を掻き立てたものと確信できる。

ローマでの滞在は短かったが、ドメニコ会士から歓待を受ける。博学なアレッサンドロ・デ・フランチスチス神父や、トスカナ大公国のローマ大使で枢機卿フランチェスコ・マリア・デル・モンテら幾人かの人たちと知り合った。デル・モンテ枢機卿は秘教的自然知の大家であった。

フィレンツェとメディチ家

カンパネッラがナポリを発った（た）のが、一五九二年九月五日であった。ローマを経て同年十月二日にはトスカナの中心都市フィレンツェに到着している。

さっそく大公秘書官のロレンツォ・ウズィンバルディが、カンパネッラを大公フェルディナンド一世に紹介した。大公は四十三歳の男盛りである。

メディチ家でも、トスカナ大公の系譜は傍流にあたる。

メディチ家で著名なのは、通称「老コジモ」コジモ・イル・ヴェッキオ（一三八九－一四六四年）、その孫で「大ロレンツォ」と呼ばれるロレンツォ・イル・マニフィコ（一四四九－九二年）で、彼らの代がメディチ家の黄金期であり、盛期ルネサンスの時代と重なっている。この血筋から教皇レオ十世も出現したが、フィレンツェでは大ロレンツォの死後、政変が起きてメディチ家は追放され、サヴォナローラの神権政治（一四九四―九八年）がつづき、その後、マキアヴェリがその右腕となって活躍する、ピエーロ・ソデリーニを終身統領とする共和政体（一五〇二―一二年）が敷かれた。しかしその後、フィレンツェ内部や教皇、その他の諸国の複雑な事情が絡んで、メディチ家が復帰してトスカナ大公国となった。

メディチ家復活は、老コジモの弟のロレンツォ（一三九五―一四四〇年）から数えて五代目のトスカナ大公初代コジモ一世からであり、その息子が、カンパネッラが謁見した第三代大公フェルディナンド一世である。

十六世紀も末、マキアヴェリやアリオストやカスティリオーネなど、もちろんレオナルド・ダ・ヴィンチもミケランジェロもこの世の人ではもはやない。後期というよりも末期ルネサンスの時代が到来していた。カトリック教会では、プロテスタントに対抗して改革を実施するどころか、かえって反動・旧守化してしまい、トリエント公会議（一五四五―六三年）で硬直化した教義がなお独善の道をたどる閉鎖的状況に陥っていた。

カンパネッラは、こうした因襲的な宗教環境の中で生きていくことになる。異端審問は強化され、禁書目録も出来上がっていた。

トスカナ大公の庇護

大公に接見したカンパネッラは好意的に迎えられている。そして、かのジャンバッティスタ・デッラ・ポルタが『観相術』（初版一五八六年）を著わしたときに刺激を受け、一五九〇年に執筆した『事物感覚論』の手稿に大公への献辞を記し出版を乞い願い出た。いわゆるパトロンを大公として費用は負担してもらい、その見返りとして出資者の大公には文化的栄誉を賦与するのである。日本でも、バブルがはじける以前にはこれとほぼ同じような現象が企業のあいだで流行した時代があった。ルネサンス文化の名残とも言えるメセナは、イタリア語では、メチャナティズモ（mecenatismo 文芸擁護）と言われ、保護者メチェナーテ（mecenate）は、パトロンや学芸・芸術後援者を意味した。

ルネサンス期の大公貴族、高位聖職者はメチェナーテになることで、みずからの文化的造詣の深さ・理解を示して社会への貢献を顕示したのは繰り返すまでもないが、そうしなければ出版もしにくかった時代的事情もある。

さて、フェルディナンド一世は、出版への言質は与えずに、秘書官ウズィンバルディにカンパネッラを、メディチ家の図書館長バッチョ・ヴァローリに会わせるように手配した（Headley, 180）。メディチ家の図書館はラウレンツィアーナ図書館と称されていて、ギリシア・ラテン語の文献の写手本や活版印刷普及（十五世紀後半）以後の印行本も納められていた、フィレンツェ有数の図書館である。十月十三日、カンパネッラはメディチ家の豪華な宮殿に招待され、図書館を見学した。

そこには、館長のバッチョ・ヴァローリのほか、メディチ家の宮廷に仕える当代一流の文学者である二人、フェランテ・デ・ロッシ、ジャンバァッティスタ・ブラッチェスキがいた。

その図書館の中に人目につかない特別室があって、貴重な手稿や古手写本が保管されていた。そこに案内されたカンパネッラは、マキアヴェリ直筆の本を見せてもらえる、という僥倖に浴する。それは、マキアヴェリの大作『フィレンツェ史』（マキアヴェリはローマ教皇庁をイタリア分裂の元凶と見ている）であった（Ibid.）。

マキアヴェリとカンパネッラは、立場の相違こそあれ、強烈な類似性と関心の同一性をもち、それぞれ同時代の人々に多大な影響を与えた。マキアヴェリの思想に異を唱えるカンパネッラでさえ、興味関心が一致していることは主張してやまなかった。二日後、カンパネッラはさっそく、自分が政治の専門家であり、トスカナ大公の勢力を増強させうる知識の持ち主であるとの自己推薦の手紙を大公に書いている（『書簡集』一五九二年十月十五日付、フィレンツェ発）。彼の『克服されたる無神論 *Atheismus triumphatus*』の中では、反マキアヴェリ論が展開されているが、カンパネッラ自身がマキアヴェリ的であり、無神論者であることを、当該書は示したものにすぎなくなっている。

これを受け、大公は、ドメニコ会総長イッポリット・マリア・ベッカリアの宮廷にカンパネッラを預かってもらうよう依頼している。この事実は、約一年後の一五九三年八月十三日付のパドヴァで書かれた、フェルディナンド一世宛のカンパネッラの書簡の中で明らかにされている。大公が出版や教職の言質を与えなかった理由も以下の手紙の内容からうかがえる。大公はカンパネッラに、普通の聖職者には見られない毒のようなものを明らかに看て取っており、困惑を隠せなかったようである。現に、カンパネッラに対し、在家の信者に還俗するよう強く促している。

フィレンツェでの滞留は、カンパネッラにとってどういう意味をもっていたのであろうか。手紙の一部を掲げてみる。

……大公様、御みずから私にご好意をお示しになって下さったのみならず、私に修道士を辞めるようご忠告下さりました。そうやってこれまでの私の人生を運命のなせる悪意のせいにして、以後、迫害された有徳の人たちの生き方に学んで、私に立ち直りなされ、と。（『書簡集』一五九三年八月十二日付、パドヴァ発、フェルディナンド一世宛）

しかしカンパネッラは、この忠告を無視した。バッチョ・ヴァローリでさえ、頑迷固陋な石頭のカンパネッラには辟易して、大公に思想的転向には時間がかかりそうだと報告している(22)。その思想とは、もちろん『事物感覚論』の中身を埋めているテレジオの思想である。すでにローマではテレジオの書物は〈禁書〉とされ発刊が禁じられていた。したがって大公がカンパネッラに肩入れすることとは、ローマ・カトリックに挑戦するのと同義だった。

カンパネッラは、フィレンツェ逗留中にこうした一連の状況を察知していたのであろう。フィレンツェでの出版は断念し、大公とウズィンバルディの二人にそれぞれ書簡をしたためた。両書簡には、宏壮な図書館への賛辞を明言し、とりわけ大公宛のものには、自分が教授職としてピサかシエナ大学に召聘されれば悦んで受ける意向を記して、パドヴァに向けて出発する旨を付け加えた（『書簡集』一五九二年十月十五日付、フィレンツェ発、フェルディナンド一世宛）。

十月十六日、たった二週間、フィレンツェに留まったのち、カンパネッラは、北イタリアのもうひとつの知の中心地、師テレジオのでたパドヴァ大学のある、ヴェネツィア共和国の内陸都市パドヴァに向けて旅立った。首都ヴェネツィアが大阪だとして、パドヴァを京都と考えれば、おおよそパドヴァの文化的位相がわかると思われる。

しかしカンパネッラは、パドヴァに直行しなかったのだった。

第8章　ヴェネト地方で一年余をすごす――ガリレイとの出会い

ボローニャ

一五九二年十月十六日、フィレンツェに二週間逗留して、メディチ家との交流の機を得たカンパネッラは、北イタリアのもう一つの知の中心で、パドヴァ大学のある、ヴェネツィア共和国のパドヴァに向かう。途中でボローニャに立ち寄っている。

ボローニャにも由緒正しいボローニャ大学がある。地味ながらも多数の知識人を輩出しており、ここの教授陣の一部が北へ移動して（というよりヴェネツィア共和国に引き抜かれて）、パドヴァ大学の教壇に立っている。

ボローニャは教皇領の都市であるが、大学の置かれている都市ということで、カンパネッラの専任職への憧れが、彼をこの地に立ち寄らせたのかもしれない。

投宿先は、聖ドメニコ教会。期間はほんの数日だったが、ここでドメニコ会総長ベッカリアから活字化を許可されていた、これまで書いてきた、政治と宗教を論じた手稿を盗まれてしまう。盗まれた手稿は、三年後の異端審問のときの有力な証拠となることとなった。

ベッカリアはカンパネッラが〈悪徳修道士〉に尾行されていたのを知っていた。カンパネッラは当局の監視下に置かれていて、パドヴァに到着する前に、どこかで痛い目に遭うだろうとベッカリアは予想していたのである。

パドヴァ学派

手稿の盗難にあったまま、一五九二年十一月に、カンパネッラはパドヴァに到着した。

パドヴァはヴェネツィアの内陸都市である（というよりヴェネツィア共和国はパドヴァなど内陸都市からの難民によって建国された）。一四〇五年ヴェネツィア共和国が占領する以前は、カッラーラ家がパドヴァの僭主（一三一八―一四〇五年）であり、一族は一二六四年教皇ウルバヌス四世（在位一二六一―一六四年）に認可されたパドヴァ大学を盛り立ててきていた。

ヴェネツィア共和国もつづけて大学の盛行のために手を差しのべつづけた。大学では教会法と市民法が研究されていて、ウルバヌス四世は、教授陣が学位授与のため学生に試験を課し、司教が優秀な司教候補者に地位を授けることを認めた。その結果、パドヴァ大学は教皇認可の大学となった。

ヴェネツィアは多くの専任の教授陣の給与を上げたり、他の大学から優秀な学者を引き抜いてきたり、同じ時間に同一のテキストを教授連に講義させて互いに競い合わせたりする方策をとって、大学の発展に寄与するところが大きかった。とりわけ、一四六〇年以降にとられた施策が、一五〇〇年代の繁栄の基礎を築き上げた。

教会法、市民法、医学理論、そして自然哲学といった主要な分野に、半島全体やアルプス以北の地域から招かれた著名な研究者が集まった。学生に欠員が生じたことはなかった。教授陣は、一五〇〇から一五〇一年までの記録によると、六十二名の教授がいて、内訳は、教会法—十四名、市民法—十七名、医学—十二名（医学理論六名、実践医学四名、外科二名）、自然哲学—四名、道徳哲学—二名、論理学—四名、人文学—二名、神学—二名、形而上学—二名、数学・天文学・占星術—各一名、となっている。

このなかで最も傑出していたのは、ピエトロ・ポンポナッツィ（一四六二—一五二五年）で、ルネサンス期を代表するアリストテレス主義系の自然哲学者である。この人物は、一般にパドヴァ学派の中心的役割を果たし、アベロエスの影響下、霊魂の不滅を否定する見解を論理的に割り出していった人物とみなされている。彼は、一四九六年から九九年までの三年間を除いて、都合十七年間（一四八八—一五〇九年）、大学で教鞭を執った（マクニール、一九二頁）。

ルネサンス期の著名な卒業生の名を列挙してみよう。錚々たる面々である。ドナート・ジャンノッティ（政治家）、フランチェスコ・グィッチャルディーニ（歴史家）、ジョヴァンニ・ピーコ・デッラ・ミランドラ（哲学者）、ジョヴァンニ・ポンターノ（人文主義者）、ジェローラモ・カルダーノ（数学者）、フランチェスコ・パトリッツィ（哲学者）、ベルナルディーノ・テレジオ（哲学者）、トルクアート・タッソ（詩人）、教皇エンゲニウス四世、シクトゥス四世、ニコラウス・クザーヌス（教会法）、ジョン・コレット（人文主義者）、ウィリアム・ハーヴェイ（医学者）など、国際色豊かで多士済々である。

パドヴァ大学の黄金期は一五二五年から一六一〇年ころまでで、それは医学部に負うところが大きく、歴史上「十六世紀の医学ルネサンス」と称された。一五三七年、ヴェネツィア政府は、ベルギー人ヴェサリウスを外科学の教授として迎え、人体解剖の義務を課した解剖を要請している。『天球回転論』で著名なポーランド人コペルニクスも、医学を修めている。

また一五四六年にはヴェネツィア政府によって、ピサ大学とほぼ同時にヨーロッパ最初の大学附属植物園が創設されている。一般市民にももちろん公開されたが、薬草の研究が主であり、動植物の近代的研究の先駆の役を担った。

自由都市パドヴァ

反面パドヴァは、当時、イタリアのみならず、国際的にも自由放埒な都市として象徴的存在であった。自由が尊ばれるときと、放埒の方に傾くときの二つに分かれ、カンパネッラは後者の犠牲となって、後に男色(ソドミ)の嫌疑をかけられている。

これがあくまで嫌疑であるのか真実であるのかわからないが、カラブリアの田舎やナポリのデッラ・ポルタ家やデル・トゥーフォ家で味わったのとは別種の(市民的な)自由がカンパネッラを虜にしたのであろう。パドヴァの知識人たちの苛烈なまでの議論好きがカンパネッラを圧倒した。

こうした人物に男色の疑いが持たれたことについて、カンパネッラ研究家のルイジ・アマーピレの調査が残されている(24)。

ある晩カンパネッラがふしだらで非道徳的な男だとみなされて、暴力をふるわれたのである。それには二つの理由があった——カンパネッラの哲学、夜中カンパネッラが滞在中の修道院から姿をくらましていたこと——以上である。カンパネッラは聖アゴスティーノ修道院に宿をとっていたが、同院の修道女は、カンパネッラが男子修道士と関わりを持っていたと早合点したものと考えられる。

しかしこれらがきわめて信憑性があるので困惑させられる。じつはカラブリアでも、修道士カンパネッラは男色の疑問を抱かれたことがあって、「人間のからだは馬と似たようなものであり、快楽の塊である」の諺を修道仲間から浴びせられていたという(24)。

十余年後、獄中で執筆される『太陽の都市』には、生殖と性の問題が、生命主義的な観点からある程度の頁がさかれて書かれていて、修道士の男色云々とはべつに、カンパネッラにとって〈性〉〈性交〉の問題は重要であったにちがいない。

パドヴァ大学にて

さてパドヴァでは、かのピサ生まれのガリレオ・ガリレイ(一五六四—一六四二年)がパドヴァ大学の数学科講師に就任して間もないころで、ガリレイの方から先にカンパネッラが教職を求めてトスカナ大公フェルディナンド一世に宛てて書いた手紙の返事を持って会いにやってきている。その回答はあいまいなものであった。二人の初対面は、一五九二年十二月聖アゴスティーノ修道院内で行なわれた。この日の数日の後の十二月七日、ガリレイは大学で開講講義をしている。一般の人も受け容れる開かれた大学であるパドヴァ大学に、カンパネッラはスペイン人の聴講生として登録し、医学と解剖学の講義に出席していた。また家庭教師も買って出て生活の足しにしている（24-25）。

聴講生としての出席は、カンパネッラに刺激を与えた。

医学の分野では、「すべての解剖学の教師の中で最も偉大な」ジローラモ・ファブリツィオ・ダックアペンデンテ（一五三七―一六一九年）が開講している「解剖教室」に頻繁に通い、教授と知り合いになって、白内障の患者の治療の助手を務めている。目に関心を抱いたためであろうが、実際の解剖にも立ち会い、視神経の分岐も調べている。目だけでなく、発熱というものが、病気そのものでなく、病にかかっている人間を守るために人間という有機体が出している信号（薬）である、ということを知って、幸福感に浸ってもいる。

さらに一五九三年一月二十三日には、ウディーネ〔ヴェネト地方の北方に展がるフリウリ、ヴェネツィア、ジョリア地方の首都〕出身の若い医学生ジャンバッティスタ・クラリオの大学卒業資格授与の立合い人となって、以後、二人は堅い友情で結ばれる。

また一五九三年の一月から八月の間、カンパネッラは、ヴェネツィア人の一部の貴紳たちに、自作の『修辞学 *Rhetorica*』を口述筆記させている。語ることで、論理学や修辞学や詩学の三つの異なった分野が練磨されることになり、これはのちに著書『合理哲学 *Philosophia Rationalis*』の完成度を高める一助となった。

こうして、研究意欲を大いに刺激され、知的営為にもはずみがついたカンパネッラであるが、公の職（大学の専任職）への憧れが根深くのこりつづけた。トスカナ大公国内での大学教授のポストを諦めることができず、一五九三年八月十三日、絶望的状況下でフェルディナンド一世に書簡を認めた。内容はこうである――一部のパドヴァの貴紳たちが、形而上学の教授職を自分にと申し出てきているが、どのようなものであろうか、と（前掲書簡）。

真偽のほどはわからないが、カンパネッラは大公の「待て」、という言葉をほしかったにちがいない。彼は書簡中、アリストテレス主義の教授でもいいと言い切っており、みずからの足下を見せてしまっている。返事が来たのはずいぶんと時が経ってからで、やはりガリレイを通してカンパネッラにわたされた。

カンパネッラはボローニャで盗まれた手稿中の一編である「キリスト教徒王国論 *De Monarchia Christianorum*」をまた書きだしていた。そこで彼は、使徒たちがローマに最初の共和政体を敷いたと主張していて、それはカンパネッラより前に書いた者は誰ひとりとしていない内容だった。先刻の大学求職関係の手紙には、自分が政治理論の専門家である旨も付記している。もちろん大公の認めるところとはならなかった。

パドヴァ大学では、医学やその他の自然科学の教養にともなって、政治的事柄にますます深入りしていったことがわかる。

とくに、この一五九三年という年には、カンパネッラが、哲学的、いや政治的に急速に成長していくのが歴然としており、いくつかの主要な政治的テーマが芽吹き、彼の知的姿勢が全般的に定まっていく徴候がうかがえる。

パドヴァでは前述したように、男気のある友人・知人の援助や家庭教師で得たわずかな収入でやりくりしていくしかなかったが、ヴェネツィア共和国の雰囲気になんとかして溶け込みたいと思っていたのである。

しかし、カンパネッラにとって、パドヴァでの生活は、一方で知的刺激に満ちたものであったかもしれないが、男色の嫌疑をかけられ、トスカナ大公から想うような回答も得られずで、それほど愉しいものではなかったのではないかと考えられる。

それはナポリでの生活が較べものにならないほどここちよく、待遇のよいものだったからだと思われる。デル・トゥーフ家での配慮の行き届いたもてなし、デッラ・ポルタ家での知識人たちとの活発な知的交流、それに美味な食の毎日——こういったカラブリアの田舎出のカンパネッラを魅了した物資的かつ精神的な糧がパドヴァでは手に入れられなかった。

さらに師であるジャンバッティスタ・デッラ・ポルタその人自身が、異端審問所に難詰され、その煩雑さからのがれて、パドヴァにやってきていたが、二人の再会は、カンパネッラに、ナポリへの想いをいっそう強く掻き立てただけであった。

この点、海に開けた水の都ヴェネツィアはパドヴァとは全く異質なイメージをカンパネッラに植えつけたようだ。

ヴェネツィア

一五九三年、カンパネッラは内陸のパドヴァをあとにして開放感あふれるヴェネツィアに出た。そこで、プロテスタントに親近感を寄せる神学者パオロ・サルピ（一五五二―一六二三年）と出会って親交を深める。カンパネッラをサルピに紹介したのは、ナポリ出身のジャン・ヴィンチェンツォ・ピネッリ（一五三五―一六〇一年）で、ギリシア語文献の図書館をパドヴァに設立していた。ヴェネツィアでの邂逅前に、おそらく両名は図書館でピネッリに引き合わされたことであろう。

ヴェネツィア滞留のとき、カンパネッラは古代ギリシアの原子論的唯物論者である、トラキアのデモクリトゥス（前四六〇頃―前三七〇年頃）の研究に打ち込んでいて、これも後に述べる翌一五九四年の逮捕に関係してくる。

さらに、彼は現在も未発見の『エンペドクレス哲学論 *Filosopia di Empedocle*』を書きはじめていた。前述のデモクリトゥスもエンペドクレスも、前ソクラテス自然哲学思想家たちの中に含まれていて、ギリシア本土でなく、マグナ・グラエキアの植民市で活躍した人たちである。

シチリアのエンペドクレス（前四九三頃―前四三三年頃）は四大元素論で著名であるが、デモクリトスの原子論もエンペドクレスの四大論も一見異質に見え、生成流転する自然界の根元を、一方は原子として、他方は四元素とみて捉えている点では、帰納的思考である。

前ソクラテス自然哲学の思想の根本には、森羅万象に霊魂（アニマ・生命）の存在を認める汎心論（panpsichismo）および物括論（ilozoismo）があって、生命主義的世界観が表現されている。大雑把に言って多神教の世界であり、カトリックの世界観からすると異教・異端の極みである。

しかしカンパネッラの後半の思想的展開に鑑みれば、ヴェネツィアで汎心論や物括論を研究できたのは、見逃すことのできない重要な点である。

彼は、繰り返しになるが、パドヴァよりも海に開けたヴェネツィアに好感を持ったようだが、後述するように反ヴェネト（ヴェネトはヴェネツィアを首都とするヴェネツィア地方で、当時はヴェネツィア共和国を指している）の書を三冊も執筆している。この点矛盾しているが、これがカンパネッラのカンパネッラたる所似である。都市ヴェネツィアへの賛美は別格のようだ。

のちにまとめられた『哲学詩集』（一六二二年）にヴェネツィアを詠んだソネットが二作あるので、早い方（一六〇一年八月以前）の作を載せてみる。

ヴェネツィアへ

アッティラ王の苛烈な侵攻でイタリアに洪水が起こると、
損害のはなはだしいなか、
内陸の人たちは海の中に正しき種を植えた、
この地は秩序が乱れ、
隷属の身となったが、
力と知のある英雄たちが、純潔な処女地、

生命の糧となる稔り豊かな母となした。
世界の驚異、ローマの敬虔なる甥、
イタリアの栄光、偉大なる支柱、
知恵を絞って短絡的政治決議を避けようとする君主、
牛飼座にも似てよもや沈むことがないように、
じっくりと仕合わせな王国を営み、
この苦難の世に
自由を守り抜いている。

先に述べたヴェネツィアとカンパネッラの関係を示す、それまで埋もれていた小著三作を見出したのは、カンパネッラ研究の先駆者として著名な、ルイージ・アマービレ、ナポリ大学教授である。一六三二年に出版されたカンパネッラの著作、『自著並びに研究の正しい方法を論ず *Syntagma de Biblio Proprilis et Recte Ratione Studenci*』の中に、ヴェネツィア批判の本を三冊書いた事実を思い起こしている条があり、それは一六〇六年、『反ヴェネト *Contra Venet*』として編纂され出版されている書物を指しているが、アマービレによってはじめて『反ヴェネト』に三種類あることが発見されたのである。三作品はそれぞれ編集はされたが出版には至らなかったようで、手稿や写本はちりぢりになっていた。

三作品とは、

（一）『ヴェネツィア脆弱論 *Della Fragitia di Venezia*』

（二）『対ヴェネツィア聖務停止令に求められた意見書 *L'Opinioni chiesté contra l'interdizione di Venezia*』

（三）『挽歌 *Il Conto*』

以上である。

十六世紀末のヴェネツィア

ここで当時のヴェネツィアの政治、社会、文化、宗教的な雰囲気を少し述べてみたい。カンパネッラが批判の筆をとらざるをえなかった背景がわかってくると思われる。W・H・マクニール『ヴェネツィア』に拠りながら考えてみる。

政治面では、カンパネッラは、ヴェネツィア人貴族アンジェロ・コッレルに、『意見書、ヴェネツィア共和国が、他国の君主おかかえの雄弁家たちに元老院（セナート）で自国の言葉で話す許可を与えるかどうかについて』を書いて、託している。

イタリアが、十六世紀末のスペインやフランスに軍事面や経済面で先んじられている点でこの種の要請は理にかなっていた。十六世紀後半のイタリアは、一五五九年のカトー・カンブレジの和約でイタリア戦争が終結しており、ほぼスペインの勢力下に置かれ、スペイン色が濃厚であった。

ヴェネツィアの地理的位置からして、ビザンツのギリシア人文化とドイツのプロテスタントの文化と、それにイタリア・ルネサンス文化が交錯する国際的文化がまず特徴として挙げられる。

ヴェネツィアはパドヴァ大学の学問的地位向上に尽力を借しまなかったから、パドヴァは、ルターによる宗教改革（一五一七年）来のラテン・キリスト教世界の宗教的混乱をまぬがれていた。ヴェネツィアも、一五五九年の、イタリア戦争の終結を告げるカトー・カンブレジの和約によって、フランスに代わってスペイン勢力が半島を支配するようになり、スペインの不寛容な宗教政策が持ち込まれたのちも、スペインに屈服することはなく、宗教的には寛容でありつづけた。

したがって、トリエント公会議（一五四五―四七年、五一―五二年、六二―六三年）でも、ヴェネツィア人はたいした役割を果たしたわけでなかった。つまり、教皇の、ローマ・カトリック教会で認可されても、ヴェネツィア人は、個々人が信仰を篤く抱いていたので、問題とはならなかった。の支配権強化に貢献することもなく、教皇の異端審問（一五四二年成立）が同年、ヴェネツィア領

それは、ヴェネツィア人の生活様式に内在する要素が大いに関係していた。商業劇場が出来上がり、コンメディア・デラルテの萌芽が顕われて、汎イタリア的な地位まで伸長した。この演劇と関係するのがほかでもない娼婦（売春）という職業の繁盛である。

ギャンブル、華美な衣服、音楽などの歓楽的雰囲気で、それも上流階級が売春を保護したのだから、繁栄しないはずがない。「プロテスタント的およびカトリック的形態の厳格主義が拡大し、性その他に対する抑圧がイタリアやヨーロッパ全体に根を張るのに伴って、ヴェネツィアの法と慣習

が許容しているはなやかな官能への耽溺」が、「ラテンおよびゲルマン・ヨーロッパ全体の貴族」（マクニール、二一一頁）たちにはびこった。

こうして放埒なヴェネツィアを前にして、カンパネッラは憤りの筆を執ったのであろう。

反ヴェネト三部作

では三作品を見ていこう。

（一）『ヴェネツィア脆弱論』は、教皇の恩顧を受けるために、一五八四年に投獄されたあと執筆され、手稿は友人のガスパレ・ショッピオに託されたが、教皇の許には届けられず、カンパネッラは苛立つだけだった。後年、ミュンヘンの図書館で再発見され、出版されることになる。この著作は、さらにローマの四箇所で図書館の写本が発見されている。

（二）『対ヴェネツィア聖務停止令に求められた意見書』は、ヴェネツィアに聖務停止令（一六〇六年）が出されたことに対してのもの。国家の理性への批難、教皇権に対する従順、古代史への追慕といったカンパネッラの考えが表現されている。『脆弱論』よりもヴェネツィアに対する限りない尊敬の念で記されている――「ヴェネツィアは自由であるために創建され、一二〇〇年間にわたる歳月、そのようにつねに自由を保っている。これは、世界中で類をみない共和国の威信である」と。

ところで「聖務停止令（interdiczione）」の内実とはいったい何だったであろう。中世期にしだいに形式が整えられていった教会による制裁のひとつで、「対地域」と「対人」との二つに分けられる（該当地域、当該者は居場所にかかわらず適用される）。

教会でのミサの執行、その他のあらゆる典礼儀式・聖務・秘跡の授受が禁じられる。しかし破門ではないので、教会の共同体それじたいから排除されることはない。しかしミサも洗礼も終油の秘跡も受けられなくなるので、信徒には苦痛を強いることになる。聖職者自身が聖務停止を受けると、ミサなどの儀式は実行できなくなる。さらに対象地域や対人との商取引も禁止された。

発令できるのは教皇のみならず、司教や教皇特使も管轄区域で限定的に発令できた。
（三）『挽歌』は、モデナにあるエステ家の図書館内の、カンパネッラ作品集成の中に、四十九葉九十八頁の形で見つかった。ヴェネツィアが負わされた淪落な都市模様を、教皇に対して嘆く企図で謳われたものである。全歌に長めのさまざまな表題がつけられているが、一貫性はない。カンパネッラ作を示唆している歌は皆無だが、カンパネッラ以外の作者を想定することはできない代物である。
というのも、独特の文体、占星術を用いた表現、修道士の慣わしに従ったラテン語の表現法が頻繁に見られるからである。綿々とつづく預言者の引用、アウグスティヌス、イルネリウス、クリソストモス、アンブロシウスといったおなじみの教父たち、バビロニア、アッシリア、イエルサレムといった都市、災害・災難に対する使徒的視点、カンパネッラの他の作品の中で展開される概念などがはっきりと示され、カンパネッラ筆であることの裏づけになっている。

特に、第八挽歌を読むと、後年の『哲学詩集』のなかの、カンツォーネI（マドリガーレ4、一六〇〇年二月）とそっくりであり、カンパネッラ的詠歌の内実が明らかである。要約してみよう。

今世紀の暗黒の夜の中で、ものみな眠りにつきはじめていた……僕は自分に、目をさまして明かりを点せ、と言われているのを耳にする。やつらは、穏やかな眠りを僕がさまたげていると言って、暗闇の中で僕を探り、鉄の錠前をかける。

牢獄で綴られたことは確かである。

第六挽歌は、「イタリアの栄光と同じくヴェネツィアを愛す」、「世界の奇跡、ローマの甥」、「声高に汝について数多く謳った」、「イタリアの名誉と偉大なる支柱、知恵ある君主と学殖豊かな学び舎」と、ヴェネツィア称賛である。ヴェネツィアにはギリシア人が多くいたし、カンパネッラの生地カラブリア地方も、元をただせばギリシア文化圏である。彼は両者を比較して、思慮・価値観・驚異の点でラテン人よりギリシア人の方が勝っていると述べている。

『挽歌』でカンパネッラは、かくも高貴なヴェネツィアが、邪悪・淪落の都市に陥ったかを嘆いているが、（一）の『脆弱論』では、ヴェネツィアの威信を否定することから出発している。ヴェネツィアの起源（難民による建国）は記されているものの、宗教面での栄光は記されていない『脆弱論』とは裏腹に、『挽歌』では、いまはもうない昔のヴェネツィアの宗教性を称えている――「汝の聖なる天の主(あるじ)で擁護者・守護者であるサン・マルコは、聖ピエトロの洗礼を受けた子である」と。

　要するにカンパネッラが、ヴェネツィアの軍事面、経済面、政治面をじっくり見据えたとは想定しにくい。一方、宗教面では結論を急ぎすぎたように思われる。

第9章　異端審問にかけられる

風光明媚なヴェネツィアののどかさや活気とはべつに、当局側はカンパネッラに魔の手を伸ばしつつあった。予兆は、一五九三年六月にテレジオの『事物の本性』、その他小品二点が禁書目録の中に加えられたときにあった。つづいて、ボローニャで盗まれた（没収された）カンパネッラ自身の著作に関しての検証に、当局の焦点が絞られていった。

六つの嫌疑

カンパネッラは、一五九四年十一月、ついにヴェネツィアで異端の廉で逮捕される。ローマの検邪聖庁に送られ囚われの身となり、翌九五年二月には、二人の仲間が捕らえられて加わった。パドヴァで、カンパネッラに大学卒業時に立会い人となってもらった若き医師ジャンバッティスタ・クラリオと、クラリオとともにパドヴァで逮捕されたオッタヴィオ・ロンゴである。

嫌疑は以下の六項目である。

（一）無神論的書物『欺瞞部族論 *De Tribus Impostoribus*』の著者であること。
（二）〈信仰について〉、キリスト教を棄てユダヤ教に改宗した者と議論したこと。
（三）キリストに対して不敬なソネットを謳った詩人であること。
（四）土占いの書物を所有していたこと。
（五）ローマ教会の政策や主義主張に異を唱えたこと。
（六）デモクリトゥスの見解を支持したこと。

六つもある雑然とした疑義の組合わせの中で、カンパネッラは三位一体の第二位である、子としてのキリストに関して問題を抱えているらしいと、考えてみるのもよいであろう。彼は〈救世主〉について想いめぐらしていたのだと私は考える。

カンパネッラ流のテレジオ主義では、あらゆる超越体を否定する方向に動いており、それは、一五九二年以来、プラトン的なものとピタゴラス的なものが合わさっている。ボローニャで押収された諸々の論稿を読めば一目瞭然なのであった。

彼は『エンペドクレスの哲学』や『護教論 *Apologetico*』も隠し持っていたが、当局に提出していないにもかかわらず、すべて土占いの本とともに当局には知られていた。またアルトモンテ修道院長ベッカリア神父に異端の臭いを感得された、『感覚で確証された哲学』も罪状の項目に入れられた。そのほか、ユダヤ教に改宗したのではないかという噂も流れたが、密告者がたったひとりであったために、改宗の罪は免れた。
（一）『欺瞞部族論』本は、十三世紀に活躍した神聖ローマ皇帝フェデリーコ二世の秘書官である某オットーネの著作だと判明している。内容は妄想的なもので、モーセやキリストやムハンマドによって基礎固めをされた各宗教を、人類を見張るために役立つ詐欺的存在であるとみなしている。原著作は長くて複雑怪奇であり、一種の偽書である。カンパネッラはこれが十六世紀の初めに刊行されていたものであったことを論証したようではあるが、十七世紀初頭、フランスの文明批評家ピエール・ベイル（一六四七―一七〇六年）がこの作品の存在に疑問を投げかけている。
三宗派の教祖をペテン師と捉えることは、彼ら三人が神の代理人の振りをしている詐欺師と見ることに等しい――つまり自画自賛の強い欲求に満ちた俗人であるということである。

カンパネッラは一六〇〇年の聖年のときに、ローマでカトリック教義が根本的で体系的な復興を遂げるべきだとして、積極的に持論を展開している。カンパネッラは能弁だった。ある主題について役に立つ論証をとっかえひっかえして相手を追い込んでいく迅速さは、彼の能力のひとつだった。
（二）の、キリストについて不敬度なソネットを詠んだとある。彼には『哲学詩集』という八十九篇から成る詩集があって、出版は一六二二年と遅いが、書かれた時期はずっと早く、詩稿そのものは、獄中（一五九九―一六二六年）のいずれかの時期に、カンパネッラの信奉者で、サクソニア人トビア・アダミにわたされている。一六〇一年の復活祭の時期に四篇、キリストを表題に据えた詩がある。

それ以前の詩が残っていないので、その中の一編を挙げてみよう。

キリストの死

死は、太古から罪を犯した者の報酬で、
娘の嫉妬からでも下されるものである。
税を支払わなくてもいただける。
尊大この上なく不節操な獣、蛇と同族である。
キリストの王国そのものが、
最強者である全能者に屈服して、
最期は疲弊の極みに至ったとは思いたくあるまい。
過てる国家理性が死を育んでいる。
キリストに役に立つためでなく、キリストに仕えるためには、地獄へと落ちよ。
死は武装し、戦場を選ぶ。
キリストの十字架像を揚げても、嘲笑われよう。
生あらば滅亡あり。
死あれば、死して腑分けされた肉体から、神聖な光が抜け出して行く。
この世の闇はもはや避けられない。(『哲学詩集』第十九篇)

「キリストの十字架像を揚げても、嘲笑われよう」などは、この一行だけでもキリストに対して不敬と捉えられよう。そして、この種の詩をカンパネッラは二十代の半ばから詠んでいたと推測される。むろん、彼の汎感覚主義的な考え方それじたいが、反キリスト教的であるのは言うまでもない。

（四）の「土占い」というのは、カンパネッラより二十歳年長の南イタリアの自然哲学者ジョルダーノ・ブルーノの小著『魔術論 *De Magia*』の中の魔術の分類では、〈預言（魔術ではない）〉に配されている。同じ項目には、「火占い、空気占い、水占い、自然的占い、数学的占い、神的占い」がある。土占いは預言であり、占星術による予言とも異なっている。カンパネッラは、みずからを預言者と名告っている。預言はユダヤ教、キリスト教双方ともに、神の御言葉を預かり、民に告げることだが、ユダヤ教徒との論議も嫌疑の一因に入っていることから、「土占い」がユダヤ教寄りの予言として嫌疑がかけられたのであろう。

（五）ローマ教会への異議申し立ては、当時の良識のある知識人（修道士も含めて）なら、たいていその腐敗と禁書目録作成などの反動的政策に不満を抱いていたはずで、カンパネッラが一五九九年に企てる革命や、ガリレイの地動説を異端の嫌疑から救う擁護の執筆（『ガリレオの弁明』）などを見ても、その芽生えと解してなんら不思議ではない。

カンパネッラはパドヴァ在住中に、『キリスト教王国論』、および『教会体制論 *Della Sistema*

della Chiesa』を執筆していた。
（五）の嫌疑の素はすでにボローニャでの手稿の盗難で握られていたわけである。

牢獄にて

以下、ローマでの裁判の模様をヘッズレイの著書から書き出してみよう（Headley, 27-31）。二月八日からカンパネッラとクラリオが拷問にかけられるが、カンパネッラは耐えしのんだ。七月にも拷問を受けたが、これを機に、オッタビオ・ロンゴを加えた三人は、十月八日までには聖庁の牢獄に収監されている。

獄舎は合理的設計の下に造られていて、収容囚人数も制限されていた。各牢には四人までしか入れない仕組みになっていて、牢舎も五十組強であったことから、二百人前後の囚人たちが収監されていたようである。要するに最大四人一組の牢屋が五十余あった。囚人同士の会話などは自由で、寛大な処置がとられていた。牢舎の広さはベッドとテーブルが置けるくらいあって、週二回シーツ、テーブルクロス、タオル等囚人に必要な品物についての会議も開かれるほどであった。

髭剃り、入浴、洗濯、繕いもの、着替えも整えられ、食事もまずまずで葡萄酒も出た。ルネサンス期の下層階級の人たちよりもずっとよい暮らしをしていたわけである。

カンパネッラたち三人が入獄したときには、二カ月後の十二月に刎頸の刑が確定していたフランチェスコ・プッチがいた。その十二月には、アスコリ・ピチェーノ（現マルケ地方の都市）出身の二人の知識人、パオロ・アッティリ、ヴィンチェンツォ・ミリアーニが加わり、さらに数週間後に、ノラ出身の数学者で秘教魔術に精通しているコラントニオ・スティリオーラが入獄してくる。この人物とカンパネッラは意気投合して親交を結ぶ。それはコラントニオが論客であり、現に獄中でもナポリ出身のイエズス会士クラウディオ・ミリアレージと議論をした傑物だからでもある。

ノラはナポリ近郊の村であるが、ノラ出身の最大の著名人であるジョルダーノ・ブルーノも、やはり獄舎のどこかにいた。ブルーノは、一五九二年にヴェネツィアで逮捕され一五九三年ローマに送還されてきているので、カンパネッラとほぼ同時期に獄中生活を同所で始めている。一六〇〇年に火刑に処されるが、それまで異端審問所側は審議を急くことなく、ブルーノの諸著書の写しの到着を待っており、検閲官に充分な思想的分析を委託していた。もっとも獄中でカンパネッラがブルーノと直接出会ったかどうかは定かではない。

獄中でカンパネッラは、パオロ・アッティリ、ヴィンチェンツィオ・ミリアーニ、そしてとりわけ先に刑死するフランチェスコ・プッチ（カンパネッラはプッチの処刑を実見して、その強固な宗教改革の信念に共感している）の教化を受けることになる。

判決

一五九五年三月十四日、カンパネッラの尋問者たちから結論が出た。

（一）自己弁護書の執筆の要請。

（二）自作「聖庁に対するテレジオ擁護」の提出命令。

（二）は要するに、聖庁の検閲に対し、カンパネッラの哲学・思想がどれくらい弁明に足りうるかを調べる目的である。古代、中世、ルネサンスと西欧文化を貫いてきている自由意志の尊重の姿勢が、ここで見る限りまだ生き残っている。ただし、言うだけ言わせておいてから、という聖庁側の企図も明々白々である。四月末に再度拷問にかけられているという事実がそれを物語っている。

判決が下されたのはその数日後である。

カンパネッラとクラリオは、「異端の重大な嫌疑により」(32) 異端誓絶を科せられた。ロンゴを裁く法廷は十月末に開かれ、二人と同様な罪科を受けた。

「異端誓絶」

一五九五年五月十六日、十一人の罪人とともにカンパネッラはミネルヴァ教会の前に縦に整列させられた。カンパネッラは長身だったのでよく目立った。隣には、クラリオ、アッティリ、ミリアーニ等がつづいた。

このあと異端誓絶の儀式が行なわれる。その様子がどのようなものであったか、その式進行次第のありさまが遺されているようなので、綴ってみよう (32-34)。

司会役の儀式執行者が、教会の門扉の前に置かれた折り畳み式の床机（ファルディストリオ）に腰かけて、一人ずつ誓絶者の名を呼んでいく。カンパネッラの番になると、見物に来ていた群衆のざわめきがいっせいに止んだ。群衆たちは、このドメニコ会士の態度に深く心を打たれたのである。

カンパネッラは跪（ひざまず）き、確信をこめて、「十二の信仰箇条」に対して応答した。彼は一箇条ずつに、典礼作法に則って「信じます（クレード）」と返答した。それらにはみな〈神の子キリスト〉の言葉を信ずるという確認の意味が含まれていたのは言うまでもない。ちょうどそれは同様に、天地の創造主にして、肉体が復活し永遠の生命を得た全能なる神の存在を、それまで是認していたことでもあった。

次に執行祭司が正統と異端との〈和睦〉の定句を告げていく。


　穢れし魂は神の下僕から遠くへと立ち去らなくてはならない。さすれば母なるカトリック教会の裡へと戻ることができるのである。これらすべては、人類の救済のために苦悶し十字架で死したキリストの御名の下で行なわれる。


そのあと祭司は右手の親指で、カンパネッラの額に十字の印をなぞり、再び正統カトリック信徒の一員に戻ったことを示す。

贖罪者であるカンパネッラは立ち上がり、右手を祭司の左手に委ね、二人はともに教会の中に入っていく。

祭壇まで進む間、この道行きそのものが、正統カトリシズムから遠ざかった危険な道のりをカンパネッラ自身に思い出させる儀式の一端となるわけである。異教の神々の崇拝を拒み、あらゆる異端的迷信をしりぞけるようカンパネッラの心根を導き、そう信じ込ませるのである。

祭壇の前に着くとカンパネッラは、第一の踏み段の前に跪く。一方、祭司は祭壇の脇に司教冠を置き、振り返って、狼の口で皮を剥ぎ取られてしまった子羊を憐憫の情で迎えて下さるように、と全能の神に祈りを捧げる。次に床机に坐ると頭に司教冠を被り、再び修道士カンパネッラのほうを見て、信仰箇条の要所を繰り返させる――創造主である神、その息子イエス・キリスト、聖霊、聖なる教会、聖人との内的交流、罪の許し、死後の肉体の復活、永遠の生命――以上に対して信仰心を保ち、何よりも悪魔(サターナ)、第二に異端的悪意を棄てることを、である。

この瞬間、カンパネッラがカトリックの聖なる信心と一体となって在り、生きることが確認される。

祭司は冠を再度脇に置き、床机から腰を上げて、目の前に跪いている〈和睦〉者に右手を置き、聖霊を呼び招きつつ祈る。このとき修道士トンマーゾ・カンパネッラは、異端誓絶の定句を述べはじめる。

私、トンマーゾ・カンパネッラは、長きにわたって私を縛りつけていた、正統カトリシズムからの分離という腐れ縁を解かれ、神の恩寵の御意にかけ、長い時を経た瞑想のあと、使徒の座に自分の意思で還って参りました。

私が戻ってきましたのは打算によるものでなく、教団に完全に身を委ねるつもりだからです。

このあと彼は、主イエス・キリスト、教皇クレメンス八世（在位一五九二―一六〇五年）、その他の教会高官たちにローマ・カトリックとの絆を二度と断たないことを、主イエスの寛大な恩寵にかけて誓う。

この異端誓絶の彼の文言が、カンパネッラの本心から発せられたものとは信じがたい。この決意をどれくらいカンパネッラが保持することができたか、その後の彼の活動からすると、明らかに〈偽証〉に該当するからである。

名誉回復を請う

カンパネッラは一五九五年五月、二十七歳のときに異端誓絶を行なった後、ローマ七丘のひとつアヴェンティーノの丘にあるドメニコ会修道院サンタ・サビーナに滞留することになる（ちなみにローマ七丘とは、アヴェンティーノ、カンピドリオ、チェリオ、エスクィリーノ、パラティーノ、クイリナーレ、ヴィミナーレである）。誓絶の儀式が行われたミネルヴァ教会はローマの中心街にあったが、アヴェンティーノの丘は近郊にあって、閑静で平穏な環境だった。

静かな土地の雰囲気のなか、カンパネッラは徐々に気力・体力ともに回復しはじめて、学究生活と執筆を再開した。

彼にはこれまでの博覧強記とも言える読書体験によって書きたいことがいっぱいあったのであろう。それにルネサンス期は、知識を（筆で）表現することが、自分の生きる存在理由ともなった時代であるから、カンパネッラも、執筆することで生きている実感を持ち得たにちがいない。とりわけ今回は、彼にしてみれば論外の罪をきせられたわけだから、名誉回復のために自己の身の潔白を良心の名の下に明かしたい気持が強かったと思われる。

神父アルベルト・トラガリオーロ（ローマ異端審問所役員）の仲介で、特にクリスマスを選んで、『ルター派、カルヴァン派、そして他の異端者に対する政治対話 *Dialogo Politico contro Luterani, Calvanisti e Alti Evetici*』を枢機卿でありドメニコ会の保護者でもあるミケーレ・ボネッリに献じた。同封した手紙には、キリスト教者ボネッリへの高い評価、それに全幅の信頼を寄せている旨を書いた（『書簡集』一五九五年十二月二十日付、ローマ発）。もちろんカンパネッラ自身が聖庁高官の許で名誉を再び手にし、中傷者どもの悪意をかわすためにも、ボネッリの地位に頼りたいという主旨の示唆的手紙だった。

しかし効果はなく、カンパネッラ自身、我が身の不覚に動揺を隠せなかった。このとき受けた心の傷手は癒されることなく、のちの『反ルター派への手紙 *Lettere contro Gruppo Luterano*』、『想い出される事柄 *Quod Reminiscentur*』（一六一六年）まで尾を引くことになる。この二作品は宗教改革の政治的ないし歴史的原因を分析し、人々の改宗に対するカンパネッラ自身の考えや教会の使者的役割への彼なりの洞察を明確化した内容だった。

しかし時の経過とともに気分転換もできるようになり、著述のかたわら、ナポリ等ですごした友人たちとの愉しい思い出を想起するようになっていく。なかでもマリオ・デル・トゥーフォとの親交は懐かしく、彼のために『騎士道論』を書いているくらいである。この著作は現存していないが、おそらく馬上の騎士の手綱さばきの技を説いたものと推察される。手綱を取らずに、モンゴル人よりいかにうまく馬を操ることが可能かなど、乗馬好きのマリオなら悦ぶはずのことが記されていたようだ。

またこれぞカンパネッラの本業だと思われるが、『詩学 *Poetica*』の推稿を行なっている。（なお『詩学』にはラテン語版とイタリア語版があったが、イタリア語版の方はなぜか行方がわからなくなってしまっていた。一九三〇年代の終わり頃になって、カンパネッラ研究家ルイジ・フィルポがストラスブルク大学の図書館を調査してカンパネッラの誤りだらけのイタリア語の手稿を発見した。作品が完全稿として世に出たのは一九四四年、イタリア・アカデミーからだった。）

彼は詩人を預言者とみなしている。人間と「永遠であり聖なるものであり真なるもの」とをつなぐ存在として詩人を考えている点など、彼の思想の一端がうかがい知ることができる。

明けて一五九六年。

相変わらずカンパネッラはローマ中心部からはずれたサンタ・サビーナ修道院に留置されている。前述のように汚名返上の嘆願的執筆とか気分転換の著作もしたが、心の奥底では鬱屈したものがたまっていたにちがいない。

そして間接的な嘆願から直接的な懇願に変化していく。

三月三十一日、異端審問所に手稿返却の直談判とも言えそうな嘆願書を提出する。

六月十二日には、自分の禁固の期限はローマ市民全員周知のことだ、と揺さぶりをかけている。

この二つのカンパネッラの心的状態は、彼の性格がかなり激しいものであることを物語っていよう。感情の振幅が大きく、落胆と歓喜と激怒の間を極端に往ったり来たりしている。良く言えば熱血漢、悪く言えば狂信家ということになろうか。カンパネッラ生来の性格もあるだろうが、彼の起伏ある人生の歩みそのものがこうした人間に仕立て上げていったとも考えられる。

こういう人物にとって、詩作行為がどれほど大きな意味を持っていたかは想像に難くない。ソネットやマドリガーレのなかにみずからの思念や情感を圧縮して詠み込む行為が、少なくとも情感の吐け口となって、ある程度の精神的安らぎをもたらしたことであろう。

ともあれ、こうしたカンパネッラの突拍子もない言動に異端審問官たちはまともに相対しようとはしない。ときどき呼び寄せては揶揄するかのようにこう命じた——巡礼者の贖罪行為を真似て七つの教会を訪問せよ、と。

七月三日、再び請願したが、無駄に終わった。

十二月末に、異端誓絶を行なったミネルヴァ教会に移されるかもしれないという報らせを受ける。彼の悦びようが目に浮かぶ。ローマの中心部に戻れるのだから。

それでも実際のところ、カンパネッラ自身の全般的な名誉回復には少なからず疑問符が打たれて、すぐ釈放には結びつかなかった。

翌一五九七年三月五日、カンパネッラと同時代人であるシピオーネ・プレスティナーチェが、ナポリで絞首刑になるところを、裁判官にカンパネッラの異端を密告し、引き換えに刑の執行を見送るよう仕組んだ。そのためシピオーネは助命されたが、カンパネッラはさらに七カ月、再度異端の廉でローマの獄舎に留まることになった。不運は決してカンパネッラを解放することはなかったのである。

一五九七年十一月の初め、じき釈放というときに高官たちは、とうとうカンパネッラを故郷のカラブリアに帰らせる決定を下した。

第10章　故郷スティーロへ帰る

ふたたびナポリへ

カラブリアへの帰郷が当局から命ぜられてから、スティーロへ戻る（一五九八年八月末）までには、まだ一年弱の期間があり、じつはその間、カンパネッラはナポリに滞在して、錬金術や占星術といったオカルト哲学に磨きをかけている。

その種の関係の知人・友人も数名出来、なかには一五九九年の革命蜂起の計画立案に参加する人たちもいた。これらの知識人たちの大部分がデッラ・ポルタ家の三兄弟のうちのいずれかの人物とのつながりによりカンパネッラと関わりを持つようになったことは、デッラ・ポルタ家を中心とした知的サークルがいかにナポリの知的思潮の主流をなしていたかを物語ることにもなろう。

代表的人物を挙げてみる。

数学者であるジョヴァンニ・パオロ・ヴェルナリオーネ。神学者ジュリオ・コルテーゼ、この人は占星術にきわめて長けていた。ローマの獄中以来の友人でノラ出身の数学者コラントニオ・スティリオーラ。オカルト学の大家フェッランテ・インペラート。インペラートは『自然誌』をスティリオーラに助けてもらって書き上げている（Headley, 24)。

当時のナポリは〈哲学の噴火口〉を以て任じ、愛好家(クルトーレ)たちはとりわけ占星術の知識について造詣が深かった。

ドン・レリオ・オルシーニという人物がいて、この人はカラブリアで広大な土地を有するビジニャーノ領主ニコラ・ベルナルディーノ・サンセヴェリーノの封建的財産の管理・世話を担当する役職にあった。この人物は、主人であるサンセヴェリーノが、息子を十四歳で亡くしたショックで妻（ウルビーノ公の妹であるイザベッラ・フェルトリア・デッラ・ローヴェレ）が修道院に引きこもったあと、放蕩三昧の生活で巨額の借金をこしらえ、カステル・ヌオーヴォの牢獄に一五九八年に入れられていた。

一五九八年と言えば、一五九七年の十一月に釈放されたカンパネッラがナポリに下ってきたあとのことである。そのカンパネッラの許にオルシーニが頻繁に訪ねてきて、わけても〈革命〉に関する議論を互いに行なった(41)。その内容のほとんどが、盗み聞きされでもしたら「一大事！」と通告されてあたりまえのものだった。

こうした会話を介して、秘儀的な想念がカンパネッラを魅惑しだし、さらに政治的変革への希望が空想を熱っぽくし、知的カラブリア人カンパネッラの心を燃え立たせていく。

同様にカンパネッラに改新への息吹を吹き込んだ人物にマルトス・デ・ゴロスティオーラ・アロンゾがいる。この人はナポリ王国の高官で、一五八九年、カンパネッラがナポリ滞留中に、やがて

『スペイン帝政論』へと結実する、〈パックス・ヒスパニカ〉を説いていた。俗権に対する教皇権擁護に立つ聖職者による政治を評価した人物だった。おそらくスペインの俗権での役割を明確にするようカンパネッラが筆を運ぶ方向へと促していたと思われる。

ナポリには一五九八年のうち数カ月間いたが、健康状態が芳しくなくなって、涼しいコンソリーノ山に向かっている。一五九八年のナポリの夏は猛暑であった。

故郷へ

カンパネッラが二十歳のときに入院したニカストロの修道院に最も近い、カラブリア地方ティレニア海側のサンテウフェミア湾に上陸したのは、一五九八年七月末日である。彼はただちに懐しいニカストロのアヌンツィアータ修道院に向かった。

修道院ではたいへんな歓迎を受けた。当時の修道院長はディオニズィオ・ポンツィオで、実弟のピエトロ・ポンツィオやジョヴァン・バッティスタ・ピッツォーニの二人とは二十代のはじめ、ともに修道生活を送った仲であった。

カンパネッラにとっては気のおけない場所にやっと身を置くことができたわけだが、修道院の内部は派閥闘争が生じており、修道院長と実弟の二人が諸悪の根源になっている向きが強かった。

院長は弁が立ち、いわゆる雄弁術にきわめて秀でていたが、小刀で人を殺傷するべつの能力の持ち主でもあった。自分の意に添わない修道士に切りつけて、額に傷を負わせてもいる。またポンツィオの叔父でドメニコ会のカラブリア修道会管区長ピエトロ（在位一五八七―八九年）も謎の死をとげていた。他殺だった。ポンツィオ兄弟は他所でも聖職者にあるまじき行為（殺人までも）を犯しており、論理を超えた危険な状態になっていた。

さらに友人のピッツォーニは、文学・哲学・音楽の研究に才能があったにもかかわらず、それを公に発揮できない窮状に陥っていた。ピッツォーニは、カンパネッラとともにじきニカストロをあとにすることになるのだが、「不逞罪」というレッテルを貼られて罰せられ追放されたことになっていた。

このように、修道院内部の居心地は決して安堵する雰囲気ではなかったものの、状況に不案内だったカンパネッラは、みなと分け隔てなく付き合った。

修道院の一歩外に出ると、目に映る光景は確かに静謐なものだったが、ナポリよりも荒れ果てた土地柄にカンパネッラは考え込んだ。赤茶けた大地は貧困と、教会や一般民衆の傲りや怠慢を歴然と示していた。

宗教的権力と在家権力の間がうまくいっていないことをカンパネッラは見抜いた。ニカストロの司教であるピエトロ・フランチェスコ・モントーリオは多くの役人を破門したりして勝手放題に権力を乱用して、聖務を停止させられていた。

心ある人たちがこうした劣悪な状態を放置しておくはずがなく、ローマ教皇に直訴しにいく者も現われたほどである。カンパネッラが戻ってくる前の話である。

修道士ディオニズィオ・ポンツィオとインニコ・デ・フランツァは四カ月かかって、その当時北イタリアのフェラーラに滞在していた教皇クレメンス八世（在位一五九二—一六〇五年）の許に出かけて、教皇領下に都市を併合してほしいと陳情した。前年の八月末に旅立って一五九八年の初めに戻ってきている。聖務停止令は三月になってやっと解けた。聖権と俗権との争いの結果であり、両者の間には一触即発の火花が散る雰囲気が醸成されつつあった。

カンパネッラはニカストロの修道院に数週間留まったのち、八月末にピッツォーニとともにスティーロに移った。二人は十月までスティーロ生まれの修道士ピエトロ・プレステーラの下に世話になった。プレステーラは故郷の修道院で再び修行に励んでいたのである。

これでカンパネッラはようやく生地に戻ってきたことになる。二十八歳、一八九八年初秋のことである。

これまでも波瀾に満ちた青年期を送ったカンパネッラだったが、いよいよ波瀾万丈の人生を五十代半ばまで送るはめになる大事件をみずから惹き起こすことになろうとは、この時点で、誰も想像がつかなかったであろう。

世紀転換期の思潮

この時期、カンパネッラは『スペイン帝政論』や『キリスト教徒王国論』を執筆しているがその内容は後で述べることにして、十六世紀末から十七世紀初頭にかけてのヨーロッパの危機的状況を身を以て体現する人物として、カンパネッラは歴史的に重要な意味も担っているので、この転換期の世相や思潮を私なりにまとめてみよう。

一、アリストテレス的な既存の自然観が除去されて、〈客観知（自然科学）〉が構築されはじめたこと。

二、反マキァヴェリ主義が胎動しだして、政治のなかにキリスト教を取り入れ再活性化を行なおうとする動きが現われたこと。

三、スペイン・ハプスブルク家、次にブルボン家のフランスといった〈媒体〉を介して普遍的な帝国の実現が可能であること。

四、ローマ教皇による普遍的な神権政治、つまり教会国家で秩序ある世界を統括できるかもしれないこと。

五、新大陸の発見と印刷術の発明・発達が相俟って、地球規模での福音伝導が可能になったこと。

以上の五つであるが、とりわけ五番目は、『ヨハネによる福音書』の「この囲いに入っていないほかの羊もいる。その羊をも導かなければならない。その羊もわたしの声を聞き分ける。こうして、羊は一人の羊飼いに導かれ、一つの群れになる」（十章十六）という使徒的な鐘の響きで、聖職者たちの意識をたかめることになる。

五つの項目の中に経済や社会的次元での問題が含まれていないのを不思議と思う人もいるかもしれないが、ここではカンパネッラを中心にして危機意識を考えていることに留意してほしい。これはカンパネッラがこれまでに考えられてきたほどには〝空想的・預言的〟人間ではなかったのではないかという研究が近年になってなされているからである(cf.マイネッケ、一三〇頁)。

カンパネッラがこれから主謀者となる「革命」後の見取図の中で、彼はそれほど占星術的でも宗教的でもさらに政治的ですらなく、社会・経済面で豊かな理想国家の誕生を勘案していたというのである。この説は原始共産制を是とするマルキストの立場から提出された考えで、それなりの思想的基盤を発想の源としているので充分に考慮する必要もあろう。

しかしたとえこの説が正しくても——つまり、経済や社会問題がカンパネッラの考察の中核を占めていたとしても、それらは五つの項目とは別途の系譜に属する問題であろう。

カンパネッラや当時のヨーロッパを理解する上で、経済と社会の問題は〝危機〟の面でそれほど大きな比重を占めていたわけではない。経済・社会問題はいつの時代にあっても安定という枠からはみ出ていて、課題化するのはやぶさかではないが、十六世紀末から十七世紀初頭に関しては、五つの項目を主としたら従の位置に立つものと考えてよいと思われる。

カンパネッラには『太陽の都市』というユートピア的小品があって、現在、彼の名前はこの作品によって知られている。この作品で描かれる理想的国家像が原始共産制をとっているので、マルキスト学者にしてみれば、社会・経済への視点への目配りを優先させたくなるのはとうぜんと言えよう。

しかしカンパネッラの生家の石壁に貼られているプレートには、「預言者」と明記されており、カンパネッラが宗教的発想を主としていた人物であることが認められていると思うし、私もそう考える。『スペイン帝政論』と密接な関係がある『キリスト教徒王国論』には以下のような記述が見られるという(45)。(なお、『キリスト教徒王国論』は現在、所在不明とされている。)

> スペイン人が偉大なる領主となって、全世界に勢力を伸張させて我がものにするであろうことは容易であろう。そのときには、アレクサンドロス大王がペルシアを、ローマがカルタゴを破ったかのごとく、トルコ帝国をも打倒することであろう。……神は、二つの帝国が存在してはならないので無理をしてでもトルコ帝国を持ち上げてきた。それも私が教皇様にご送付した『スペイン帝政論』で示したとおり、アラビア人やタタール人や他のアルプス以北の国々によってキリスト教徒があまり制裁を受けないがために、である。

引用文中の『スペイン帝政論』はカタンザーロの統治責任者ドン・アロンソ・デ・ロサクスに献呈されている。スペインの武力でキリスト教社会を統一し、教皇を項点とするキリスト教王国を築き上げんとするのがカンパネッラの主張である。

ニカストロからスティーロに帰るまでにカンパネッラは四本の政治論文を書き上げている。前掲の『キリスト教徒王国論』『教会統治論 *De Regimine Ecclesiae*』（この二本はヴェネツィアで捕えられた折、自分の政治的立場を有利にしようとして執筆された。後年書き直されて、『メシア帝政論 *Monarchia del Messia*』『教会統治論』へと発展する）。のこりの二本は『イタリア君主論 *Discosi ai Principi dell' Italia*』『ネーデルラント論 *Del Paese Basso*』である（ローマ移管後に書かれている）。この二本はともに親スペインの内容で、ハプスブルク家の歓心を得て教皇に読んでもらおうという意図で執筆された。じっさい貴人の手を経てクレメンス八世の落手するところとなった。

第11章　革命をこころざす

一五九九年、カンパネッラはスティーロでカラブリアをスペインの政治的圧制から解放しようと革命を企てる。故郷スティーロに戻った翌年のことである。未然に発覚して逮捕されたのであるが、その革命の経緯・獄中生活を記す前に、一五九〇年代のカラブリアを中心とした南イタリアの、大きな意味での実情（惨劇）を見ておきたい。

カンパネッラの革命蜂起の内面的動機として、自己を預言者とみなしていたことが第一義的要因だが、正義感あふれるリアリストの目をも兼ね備えていた彼が、ナポリからカラブリアに十年ぶりに戻ってきて、カラブリアの人々の生活の悲劇的な様相に憤りを覚えないわけがない。それほど人々は貧困にあえいでいたわけである。

本章では、イタリア半島の中にあって〈南部〉と呼ばれる地域を中心に、その悲惨なありさまを他の地域と比較しながら明瞭にしてみよう。

危機の時代の南北イタリア

一五九〇年代のイタリアは、イタリア戦争も終わり、対抗宗教改革も一応の定着を見、脅威といえばオスマン・トルコの侵攻くらいに一見思われる。そういう意味では危機の時代という表現はあてはまらないかもしれない。

現代のイタリア人史家は、この年代を封建主義から資本主義への移行期と考えている節もあるが、その速度は緩慢としていて、社会や経済の根本的な構造変化には及んでいない。とりわけ北イタリアと南イタリアをくらべると、南部にこの現象を見出すのは困難である。裏を返せば、南北の格差が現代よりも十六世紀末の方が明確でないのは当然だが、ある程度の区分は出来上がっていたのは、おおかたの歴史家の認めるところである。

地勢的に分けると以下のような感じになる。

北・中部イタリアは、十一、十二、十三世紀にコムーネが発達して都市国家を形成していったのに対し、南イタリアはスペイン王国の副王の治めるナポリ王国の下、各地域は都市化されなかった。またこうした政体は南北の交易のパターンにも差異を生み出していた。〈北〉の輸出品が布・武器・工芸品であるのに対して、〈南〉のそれは、食糧・原料（綿や生糸）だったが、その交易は〈北〉の商人に請け負われていた。

農業形態の相違もはっきりしていた。〈北〉は小自作農。〈南〉はラティフンディウム（大土地所有地）制で、自作農地を所有する小作人が育たない状況下にあった。

さらに社会的観点から見て支配層にも相違が見受けられる。〈北〉の支配者層が人文主義教育を受けたエリート官僚か貴族であるのに対し、〈南〉のそれは地元に根着いた豪族（バローネ）であった。

南部の窮状

〈南〉は、半島部と大きな島に分類されるが、カンパネッラに関わりのあるのは半島、とくにナポリとカラブリアであろう。ともにスペインの属国であるナポリ王国内の都市と地方名である。ナポリ王国（Viceregno : vecere 副王、regno 王国―スペイン副王治下）は、一五九〇年代の人口二百五十万人をこえ、統一体をなしていなかった。

伝統的には九つの地方（テッラ・ディ・ラヴォーロ、プリンチパート〔以上の二つが現在のカンパーニャ〕、モリーゼ、アブルッツィ、カピタナータ、テッラ・ディ・バーリ、テッラ・ディ・オトラント、バジリカータ、カラブリア）に分かれていた（現在は、カンパーニャ、モリーゼ、プーリア、バジリカータ、カラブリアの六つ）。

経済的に見ると三つに分かれていた。農業が最も盛んでナポリが中心都市である豊かなカンパーニャ地方と、最も貧しく、岩だらけの土地で、牧畜を営む鄙（ひな）の地カラブリア。両者の中間がアプーリア（現在のプーリア地方からカラブリア地方にかけての地域）地方であった。

その豊かなナポリでも一五九〇年代は危機に瀕していた。すでに八五年にナポリを飢饉が襲い、以後九五年まで食糧不足がつづいている。強盗が出没して九〇年代にピークを迎えている。バーリでは九〇、九一、九二年と疫病にも見舞われ、カラブリアではあまりにも貧困なので、各都市は税を引き上げることさえできず、九五年には海上からトルコ軍の襲撃を受けてしまう。

王国は再建案を実行する。ナポリでは穀物の買いだめ令と輸出禁止令を出した。九一、九五年には留学生を国外追放（ナポリはユダヤ人などにも寛容な土地柄であった）し、生粋のナポリ人には配給券（カルテッレ）が配られるほどだった。このため国勢調査が実施されることになった。ナポリ市の人口は、一五九一年――二一万八三四人、一五九五年――二二万六三九九人であった。

人口の増加と減少はくり返されるものの、貧しいカラブリアはナポリ王国の中でも最も人口の多い地方である。逆に土地がやせているのにもかかわらず、人口が集中していることが貧乏の原因に違いない。カラブリアの人たちは、シチリア島の都市、メッシーナやパレルモに移民するのを好んだ。ナポリに向かうよりも近いし、都市の吸引力――安い食物と雇用への期待感があったのであろう。幻想にすぎないとわかってはいたのだが。

カラブリアで土地がやせてきたのは、同じ土地で毎年収穫するため（休耕地を設けないため）だ。さらに、耕作を捨てて牧畜に移ったため、イングランドさながらに家畜の数の方が人口より増えた。土着の豪族たちは田舎の自領を去って、副王の住まう宮廷近くで暮らすためにナポリに移っていった。一五三〇年以降に目立ちはじめた現象で、互いに贅を競い合い、消費につぐ消費で、地方の豪族はいつのまにか収入以上の暮らしをするはめに陥っていた。そこでカラブリアの自領を売らなくてはならなくなっていく。

カンパネッラはこの劣悪な環境を、主著『スペイン帝政論』の中で以下のように批判している。

豪族たちは……ナポリにやってきて、宮廷に赴きます。そしてそこでたんまりと気前よくお金を使い、いっとき派手に振舞うのです。……ついにあり金全部を費い果たすと、貧しい故郷へと戻っていき、搾取できるものなら何でも搾取して金に換え、懐をあたためて、再度宮廷に出向いていくわけです。彼らはあたかも同じ環の中にいるように、いぜんとして愚行を繰り返しているのです。あまりにもひどい行ないなのでイタリア王国の領土よりも、南イタリアの領主たちの土地がずっと荒れ果てて無残に見えてしまいます。豪族たちの怠慢のなせるわざなのですが。（第十四章）

カンパネッラのこの分析は、南部の病巣を言い当てていて見事である。また他所ではスペイン王に圧力をかけられてイタリアの民衆が搾取されているとも記している。これはたぶんに間接的なものであったと思われる。というのも当時スペイン・ハプスブルク家は、ネーデルラント独立戦争（一五六八—一六四八年）に巻き込まれていて、ナポリ王国のイタリア人家臣たちは戦費への援助を強制されて、領地での税を上げないわけにはいかない状態に陥っていた。カラブリア残留の人たちに特別な税が課せられたのは当然で、主要産業だった絹織物も世紀末には凋落の一途をたどって、住民の暮らしは日に日に苦しくなっていった。

カラブリアでは、南イタリアの問題を考えるうえで、以上のようなスペインの圧政を抜かすわけにはいかないが、もうひとつ〈教会〉も加えなくては病因をつきとめることができないだろう。

非生産的な聖職者たちの数が膨張したことが病因の大きな要素となっている。一部の男たちが経済的理由（つまり困窮）で聖職者になっていったからである。聖職者になる理由は、免税され、安全な職業に就くためである。これは、ネーデルラント独立戦争にスペイン治下のイタリア人が戦闘員として駆り出されるのを暗にふせぐ策のひとつであろうが、そのために働き手が激減し、南部の窮状をいっそう招いた。教会側が、当時の生産戦力となる雇用の機会を明確には把握できていないのに、一般の人たちに交易や産業から身を引くように促したことで景気の後退を招いたとしたらゆゆしき問題である。

以上から二つのことが見えてくる。

一つは、一五九〇年代の十年間が南イタリアに住む人たちにとって不幸な十年間であったということ。

一つは、十六世紀から十七世紀にかけて、長い目で見て概して悪い方向への変化が生じていたということ。

この二つに対して、見方を変えると二点の疑問点も浮上してくる。

一点は、〈危機〉を狭義の意味に解釈して、一五九〇年代を長期間にわたる景気後退の先駆けとみなすか――。

一点は、十六、十七世紀の南イタリアの問題を封建制度から資本主義への移行期と捉えるか――。この二点はきわめて明快で得心もしやすいが、それだけに安易な回答になりがちで、即刻には決めかねられない難問である。

ナポリ王国の全般的な困窮、あるいはナポリ市とその他の地域との貧富の差の増大と似たような状況はローマ教皇領でも見られていた。飢饉、ペスト、それに強盗の頻出である。イタリア戦争が一五五九年カトー・カンブレッジの和約で終結したあと、平和が訪れたのはよかったが、兵士の数が不足し、一五九三～九八年にトルコ軍がオーストリアに侵入したときは、教皇クレメンス八世は、軍隊の中に強盗団を雇い入れなければならなかった。

南部も一五九五年トルコ軍の襲撃を受け、各宗教教団と王国は何らかの対策をとらざるをえない情勢になっていた。

調停の失敗

カンパネッラが戻ったころのスティーロは、このような南部の惨状のなかで、村の行政をめぐって二派に分かれて争っている最中だった。二派といっても二つの家族の権力闘争であり、共和政体とは無縁の、南イタリア特有の古い特権体質の顕われと見たほうがよいであろう。

二家族とは、カルネレヴァーリ家とコンテスタービレ家の両家である。こういう争い事になるとカンパネッラの血はしぜんと湧き立つのであろう。彼は進んで調停役を買って出る。しかし想像以上に事はうまく運ばない。もともと調停の任にあった司法官アンニバーレ・ダヴィッドがとうに仲介役を放棄してしまっていたほどだ。というよりもカンパネッラが関与してきたので、ダヴィッドが身を引いてしまったのだろう。こうしてカンパネッラは晴れて調停人となることに成功した。しかしカンパネッラを交えての話し合いはきわめて怪し気なものだった。なぜならカンパネッラがもうじき企てる革命蜂起の陰謀に加担することになるスティーロのならず者（殺人鬼）マウリツィオ・デ・リナルディスが絡んでいたからである。

カルネレヴァーリ家とコンテスタービレ家は犬猿の仲で、相互に血なまぐさい復讐の機会をねらっていた。カルネレヴァーリ家の方が権勢はあったようで、その勢力範囲は半島の先端の方に広がるテッラノーヴァ平原（スティーロから直線距離で四〇キロの地）にも及んでいた。

これに対してコンテスタービレ家は、勢力伸長の方法が多少異なっていた。コンテスタービレ家には三人の兄弟がいた。上からマルカントニオ、ジュリオ、ジャンバッティスタである。長兄のマルカントニオは実戦用の自前の武装団を所有していた。そして、末弟のジャンバッティスタはカンパネッラの友人でもあり弟子でもあった(64)。

つまり、あくまで比較の上だが、穏健的なカルネレヴァーリ家が、武断的で、異端審問所に捕えられていたカンパネッラと親交のある人物を味方につけているコンテスタービレ家との和解に同意するはずがなかった。結局、カンパネッラが仲裁役を買って出たために両家の休戦は成立しなかった。やがてデ・リナルディスもジャンバッティスタも、カンパネッラを首謀者とする陰謀に参加していくことになる。預言者カンパネッラの失策である。その失敗をこの時点で自覚すれば、無謀な革命などには走らなかったであろう。しかしカンパネッラはそういう方向には向かわなかった。

変革（ムタツィオーネ）の預言

帰郷して半年も経たない一五九九年二月二日、スティーロでは聖母マリアのお清めの祝日の祭りがにぎやかに催されていた。このときカンパネッラは、立錐の余地もないほどに教会に集まった信者たちに向かって、声高に、いや胴間声を張り上げて訴えた。

「もうじき変革（ムタツィオーネ）が起こる！　前兆が見える。預言者たちの言葉を想起せよ」

こうした挑発的な演説にスクィラーチェ（スティーロから直線距離で約三十三キロ半島をさかのぼった位置にある町。スクィラーチェ湾の内陸にある）の司教であるトンマーゾ・スイルレートの反応は素速かった。預言も、主義主張の公言もしてはいけないと通達してきたのである。

カンパネッラの訴えがよほど強烈なもので、教会当局者にとっていかに頭を悩ます内容であったかがわかる。彼は、「刷新」とか「改革」とかいった類いの言葉でなく「変革（ムタツィオーネ） mutazione」という、英語で言うと「動く、動かす　move」に関連する単語を用いている。解釈の仕様によっては、社会体制や自然環境をも「動かして一変させてしまう」という揺さぶりをかける意味が含まれていると捉えられても不思議ではないだろう。スクィラーチェの司教は、敏感にそれを察知したものと考えられる。

ただカンパネッラ自身は黙々と労働に励んでいて、そういう意味では当局からの批難の対象には当たらなかった。彼自身は肉体を動かすことによって獄中生活で失った体力を取り戻し、かつ衝き上げてくる血気を抑制しつつ、英気を養っていたにちがいあるまい。それになによりもまず、カンパネッラが修道僧の身であることも労働の主要因のひとつでもあろう。

聖書や預言の書物の註解を鮮やかにこなし、解釈の言葉もわかりやすく説得力のあるカンパネッラである。こうした精力的な人間が肉体上の負荷を避けるわけがない。カンパネッラの場合、ほどなく健康が回復したおかげで、自分にとってたぶんにふさわしい環境へと再び確実に還る好機に恵まれた。力強くていっそう強靭な農夫のからだにまで彼は回復していたのである。そのときのカンパネッラが周囲の人たちに、以前にもまして自信に満ちて映ったのはべつに驚くべくことではないであろう。

第12章　陰謀の経緯を語る——カステルヴェテレの供述書

カステルヴェテレ（Castervetere）とは現在のカウロニア（Caulonia）の古名である。カンパネッラは革命の陰謀発覚後逃亡するが、一五九九年九月六日にカステルヴェテレで捕らえられ、そこで陰謀の経緯について供述書をとられることとなる。

「供述書」で述べられる内容は、陰謀（革命）の全容を語っていることになっていて、多くのカンパネッラ研究書がこの「供述書」を基に陰謀の解明を行なっている。本稿では訳出も試みつつ、陰謀の息吹のようなものをも伝えられたらと考えている（以下、『カンパネッラ裁判記録』Firpo, 102-113 より引用する）。

これから供述の順に従って「供述書」を読み解いていくが、カンパネッラは生涯にわたって幾度もこうした裁判に引っ張り出され、そのたびに〈供述〉や〈弁明〉を繰り返している。これ以前にもすでに経験ずみで、場慣れしていることを念頭においておく必要がある。

逮捕されてから四日後の九月十日の供述であるが、カンパネッラの口調は熱を帯び、短期間の出来事にひとつひとつ言及し、文言が機関銃の乱射のように発せられている。

預言（者）

カンパネッラは冒頭から、「コリントの信徒への手紙一（十四章の三十一）」の文言「一人一人がみな預言できる」を引用してみずからの素性を明かしている。

私こと、修道士トマーゼ・カンパネッラは聖ドミニコ修道会に属し、カラブリアのネート川（スペイン・アラゴン家はカラブリアをこの川で二つに分けて統治）の南側にあるスティーロの地の出身で、さまざまな学問を学びましたが、とりわけ預言に専心してきました。つまり、聖パウロにたいへん推奨されています『コリント書』で、そこに「一人一人がみな預言できる」とあります。

それゆえにナポリ王国に存在していた歴史を繙いてみて考察しますと、常に、短期間ではありますが、いろいろな一族の下で初期・中期・末期をともなった革命（レヴォルツィオーネ）（revoluzione）がありました。私には早晩、変革（ムタツィオーネ）が起こるのが当然だとふと思い浮かんだのでした。その上で人々に話してみますと、彼らは王国の諸閣僚に対して自分の寿命のあるうちには言えないような多くの不満をこぼしました。その後、さまざまな占星術者――特にナポリ人ジュリオ・コルテーゼ、偉大な数学者コラントニオ・スティオーラ、ジョヴァンニ・パウロ・ヴェルナローネ、みな三年前ナポリにいたときのことです――と議論をしましたところ、私は彼らから、国家を変革すべき時であることを理解したのでした。

さらにチプリアーノ・レオニツィオの作成した天体位置表によれば、この二年の間で大きな食が始まり、一六〇五年までつづくと出ています。大いなる新しい出来事を示しているわけです。

この預言のおかげで、主なる神が森羅万象に未来の徴（しるし）を刻む。それに従って未来の兆候がわかるのである。カンパネッラは自分がその預言に長けていると示唆し、優れた預言者の名を列挙することで、ナポリ王国で革命が生ずる必然性を裏づけようとする。

カンパネッラは自分を預言者だと位置づけて供述してゆくが、その際、『コリント書』の一節を引用しているのに注目すべきであろう。これはキリスト教のひとつの伝統にしたがっているという印象を検事側に与えて優位に事を進めていこうという戦略、悪く言えば狡智がうかがえる。キリスト教徒であるのを逸脱していないと提示する、教会側に対する方便とみてもよいであろう。

フィオーレのヨアキムはもとより、百年前にはフィレンツェでサヴォナローラが預言者として熱弁をふるった。二人とも、その生涯の終え方はちがってもキリスト教徒であった。カンパネッラはその延長線上に自分の理念的立場を意図的に築き上げようとしたのではあるまいか。言わば、〈権威〉をカンパネッラは必要としたにちがいない。

というのも、彼は故郷に錦を飾って戻ってきたのではなかった。位階のいまだつかないうらぶれた平修道士の身のままであり、そうした自分が拠って立つべき後楯に聖書の文言はきわめて有効であった。

試訳したなかに登場する、スティリオーラはじめ預言者たちは、チプリアーノ以外は、カンパネッラがナポリ滞在中（一五八九末―九二年初）に、おそらくデッラ・ポルタ家で出会っていると推測される。『自然魔術』を著わした、デッラ・ポルタ家の次男ジャンバッティスタに影響されて、若いカンパネッラは神の第二の書としての自然のオカルト的探求にいっそう好奇心を深めていた。しかしデッラ・ポルタもスティリオーラも異端審問を受けているが、抑圧されはしなかった。一五八六年、教皇シクトゥス五世（在位一五八五―九〇年）は占星術を否認する大勅令を出しているが、その真意には預言と社会的・政治的不満が合体して難事が勃発することへの懸念があったと思われる。もちろん占星術への信頼をキリスト教へと向けさせようという意図はあってしかるべきである。しかし十三年後、カンパネッラの預言が陰謀に発展したことを考慮すると、教会は人々の宗教感情を甘く見すぎていたきらいがないでもない。

カンパネッラは、この教会の隙につけこむかたちで預言者として登場してきた。

預言で述べられていることは、洪水や大地震といった自然災害であって、その中に埋め込まれるようにして変革が生じると書かれているのは「供述書」の試訳のとおりである。「福音書に則って、シチリア島、カラブリアで大地震が、ローマとロンバルディアでは大洪水」が起こる、という条などでは、福音書まで持ち出されている。

〈変革〉

引用した部分でカンパネッラの基本用語は二つに分かれている。「革命（レヴォルツィオーネ）」と「変革（ムタツィオーネ）」である。

訳出したら原稿用紙で二十枚に満たない「供述書」の中に、後者の「変革」の方が多く使われている。「レヴォルツィオーネ」は文字どおり「革命」で、世の中をひっくり返すこと、転覆を意味している。

あえて「革命」を用いずに、それよりも意味的に弱いと思われる「変革」を用いていることから、彼の政治的意図が「国家の革命」でなく「政治変革」にとどまっていることが理解できる。この範囲内ではスペインの属国支配からの脱却でないのだが、カンパネッラの思念は多少とも、現実離れしたところに礎が置かれている。

コルテーゼ、スティオーラ、ヴェルナローネら預言者(プロフェータ)たちの名前を列挙することで、現実的な〈革命〉というよりもむしろ、預言という宇宙や神との関わり合いの中に〈変革〉の発想の源を求めているように思われる。

「供述書」では、次に十五世紀のフェッラーラの占星術師アントニオ・アルクアートをハンガリア人と誤解して引き合いに出している。アルクアートの著作『神の予見』がハンガリア王へ一四八〇年に献呈されたための勘ちがいである。『神の予見』に書かれている、オスマン・トルコとキリスト教徒間で勃発するであろう問題が実際に起こったことに、カンパネッラは強い影響を受けている。事実ハンガリーは、一五二六年モハーチの戦いでオスマン・トルコ軍に敗れて領土を失った。また同著には、イタリア諸国家の革命と教会の改新が一五三八年に一挙に起こるであろうとも記されてあった。

イタリア諸国家の革命の例を一つ取り上げるとすれば、フィレンツェ共和国をメディチ家のコジモが継いだのが一四三四年、教会ではイエズス会が一五三七年に設立されていて、両者ともに一五三八年以前に生じている。『神の予見』の出版は一四八〇年ではなくてアルクアートの没後一五三六年である。すでに〈出来事が起こった後〉であったが、カンパネッラはアルクアートの預言力をきわめて高く評価して、そこに普遍的因果律を看て取っているのだ。

そして、約六十年後の一五九九年にも何かが起こってしかるべきだとカンパネッラは考える。「今年、ローマとロンバルディアに大洪水が、シチリア島とカラブリアに大地震があると、『福音書』に則って私はスティーロで預言しました。これは人間の事どもの変革を指しています」と。

したがって私は、愚見を述べてほしいと強く促されて、諸々の変革(ムタツィオーニ)が起こるだろうと預言したり話したりしたのです。とりわけ一五九九年の今年の聖週〈復活祭の前の週〉に、私の故郷スティーロで、途轍もない洪水が起こるでしょう……。

さらにオトラントのアッバーラ・イドロンティィーノの預言から、シチリア島やトスカナやカラブリアで変革があることがわかるとしている。以上のことは、他の占星術師や賢者も同じことを言っているので、真実の可能性が高いとカンパネッラは述べる。

ことほどさように、カンパネッラの頭の中は、天変地異一色となっている。〈変革〉は自然災害が原動力となると言っているのに等しいが、大災害のあとにどのような社会を築き上げるつもりなのかはここでは明確に打ち出されていない。教会は残存させたまま政体を変えたいがための〈変革〉なのであって、大洪水や大地震で暗示されているのは、むしろ王国を自然災害で一掃したいという願望かもしれない。

カンパネッラの思想の特徴のひとつに、神の書を、聖書と自然との二つに分けて考える点が挙げられる。彼にとっての神とは自然に宿っているものであり、自然災害は神の御意でもあるが、自然そのものの意思でもあり、両者を操作できる人物こそ自然魔術師であり、カンパネッラ自身なのである。

スティーロの情勢

陰謀には仲間が必要である。

十四年ぶりに帰郷したスティーロは既述のとおり二つの一族の確執の最中であった。彼の供述は次に、スティーロの勢力争いに立ち入っていく。

さて、スティーロに戻ってくると、カルネレヴァーリ家とコンテスタービリ家の間が敵対関係にあり、私は判事〔アンニバーレ・〕ダヴィドから、和解に一役買ってほしいと雇われました。そしてこれがきっかけでコンテスタービリ家との結びつきが強くなりました。ある日、ジュリオ・コンテスタービリの義兄弟であるジローラモ・デ・フランチェスコがやってきて、私が〔教会で〕預言したように、聖母の浄めの日〔九九年二月二日〕に変革が起きるのはほんとうかどうか尋ねてきました。私は、みながそう思っていると答えました。すると彼は変革以外に希望はないと返答したのでした。

コンテスタービレ家は武断派で山賊まがいの行為をしており、三人兄弟の長男マルカントニオ・コンテスタービレはスティーロを追放されており〈次男がジュリオ。三男がジャンバッティスタ〉、ジュリオも信用できない男だとカンパネッラは述べて、ジローラモに〈変革〉のことをジュリオに言わないように頼んでいる。

両家との折衝が進むうちに、とうとう長男マルカントニオがやってきてカルネレヴァーリ家との和解に応じた。すると次男ジュリオがカンパネッラの滞留している修道院にやってくる。「そこには確かに、マルカントニオとスクィラーチェの悪玉トマーゼ・カッチアもいました。彼らは何度も何度も、スペイン王国の役人の悪口、特に守備隊長以下全員のスペイン人をののしったのです」。

コンテスタービレ兄弟の父は獄中にあって、兄弟はカルネレヴァーリ家が政治を握っていることへの不満を吐き散らしたが、カンパネッラは神が与えて下さったものだからと言い、聞き役に徹した。

こうしてカンパネッラはスティーロで劣勢力であり、かつ無頼漢であるコンテスタービリ家兄弟の鬱憤を聞きつづけることになる。ある日僧坊に飾ってあるフェリペ三世の肖像画（フェリペ二世は数箇月前の一五九八年九月十三日に死去し、若干二十一歳のフェリペ三世が王位に就いていた）を彼らが見て、こう言ったという。

「フェリペ二世が亡くなったのは残念なことだ。トルコもフランスもこの王国を乗っ取りには来ないさ！」

「変わったことを考えるんだな！」とカンパネッラは答える。

僧坊の連中がフェリペ三世が青二才で統治能力がないと批判して、肖像画を踏みつけて傷つけようとする。カンパネッラはすこしよごれた肖像画を溺状ののりで元の場所にくっつけて別の肖像画を掛けた。と、ジュリオが二つとも取って、トランシルヴァニア侯（現ルーマニア中部の一地方。ジギスモンド・バトリー（在位一五八一―一六一三年））とトルコ王（ムハメット三世（在位一五六六―一六〇三年））の肖像画も取りはずして家に持っていってしまう。みなカンパネッラの僧坊にもともと掛けてあったものであった。カンパネッラはトルコのスルタンの肖像画を壁に掛けていた。この理由は判然としない。彼の胸中に当初からトルコに対して何らかの期待感があったのか、あるいは、ヨーロッパを支配するスペイン・ハプスブルク家に脅威を与えうる存在として一目置いていたのか、オスマン支配下のトランシルヴァニア侯の肖像画がどうして飾られていたのか、わからない。

イタリアにとってどういう意味を当時のオスマン・トルコは持っていたのだろうか。コンスタンティノープルにベラ地区というのがあって、そこで、かのニッコロ・マキアヴェリの姉の息子が商売をしており、マキアヴェリが手紙を書き送っている事実はある。一五二〇年代の話だが、商業上の結びつきはあったようだ。それから八十年後、カンパネッラが抱いていたのは政治面での畏怖かあるいは憧憬か。

数日後、私が変革が起こると言うと、ジュリオは言いました。「主がそれをお望みである、なぜなら俺たちの勢力は大きいから！」「どれくらいだ？」と問うと、兄のマルカントニオを見遣って、「山賊に仲間や友達がたくさんいるし、他の人間だって、それに親戚も、だ」。「それだけでは何もできない。大部隊に対抗できない」と私が言うと、少し間を置いてから「たくさん味方がいるのはいいことだ。国王がもし戦闘を開始したら、誰を後楯にして勝つつもりか」。「トルコに何度か行ってくる。トルコ軍なら援軍をよこすだろう」とジュリオ。

さて、引用文のジュリオの考えがあくまで希望的観測にすぎないことをカンパネッラは理解していた。カンパネッラはスティーロが山村で軍事力は不要だと言い、スクィラーチェの君主の判断を引いて、トルコ軍が海から遠い、この山間の、道が狭い所を軍事支援のため通ってやってくることはありえないと主張する。そして、とにかく人数を集めることが先決だと言うと、コンテスタービリ家の縁者をみなかき集めるという答えが返ってくる。

カンパネッラ自身はスティーロで仲間にすでに声をかけており、修道士ディオニジオ・ポンツィオやジョヴァン・バッティスタ・デ・ピッツォーネなどが賛成してくれていた。ほかにも七月にはカステルヴェテレに二日間、スティニャーノの両親の下で数日すごし、八月初めダヴォリ、そしてサンタ・カテリーナに出向き仲間を募った後、スティーロに戻ってきている。

一方、コンテスタービリ家の敵であるカルネレヴァーリ家の動きも見逃せない。彼らも武装していてコンテスタービリ家に恐怖心をもはや抱いていないという情報も入ってくる。

また、貴族で無頼の徒であるマウリツィオ・デ・リナルディスからは、スティーロの守備隊長であるプロティーノに裏工作をしたかどうか問われ、賄賂の額まで提示される。マウリツィオは、カンパネッラがスティーロの仲間たちに語った〈変革〉が起きるというのは本当かと訊く。カンパネッラは正しい理法でそう予見したのだ、と応えるばかりだった。マウリツィオは「神だのみだな」と嘆息する。

カルネレヴァーリ家でも、戦いがあるのかと質（ただ）されるが、「戦いがはじまれば神が救けてくれます」とカンパネッラは応ずるだけであった。

> 神から戦いを賜ったのです。国を変えるため、王国がいっそう善くなることをするために。危難はわかっていますが、もっとよい政府をつくるために。王様がフェリペでもべつの王であって

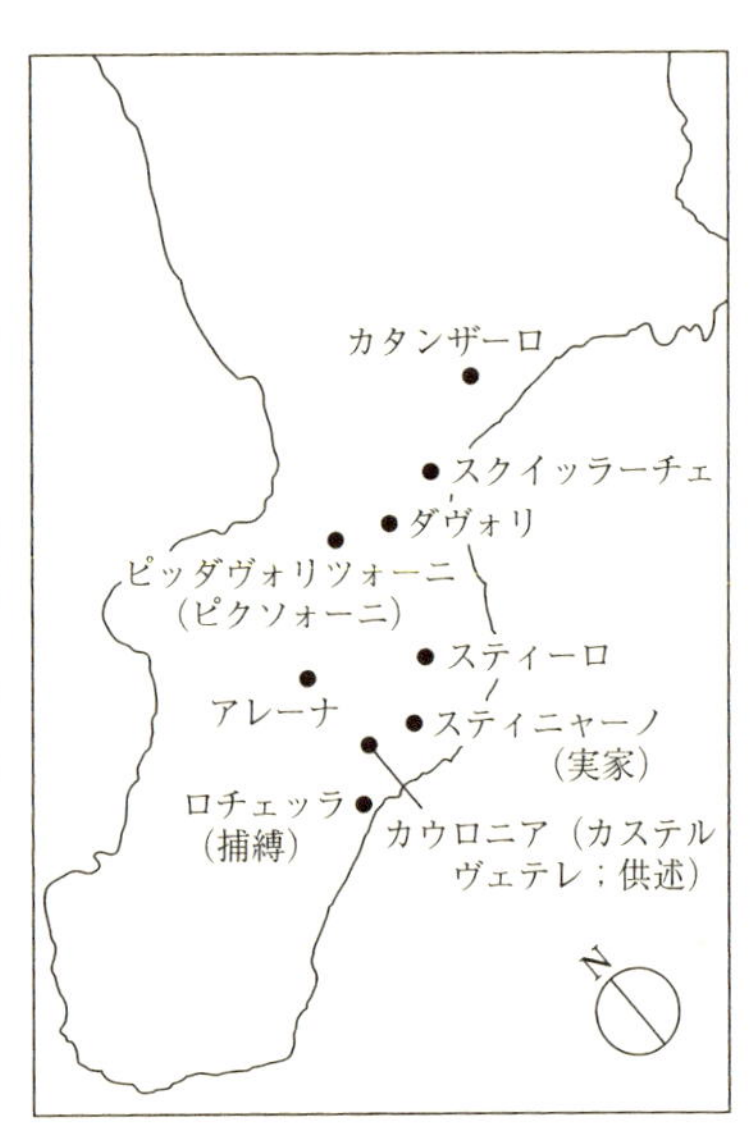

カラブリア地方
（陰謀時，1599年6－9月）

も、キリスト教の他の君主であっても、友誼を保ってくれる人はきまって偉大な人物になります……。正しい動機に従う人は耐えることを気にかけるべきではありません。最後はダヴィデのように顕彰されます。そして悪は滅びるのです。

こういう調子のカンパネッラだからマウリツィオには半ば呆れられ、ついに修道院の中にこもっているよう懇願される。

迷走

起こそうとしている現実の〈変革〉には流血が当然伴う。敵となる相手には懐柔も必要だろう。だが、そうした戦略には目を向けないカンパネッラは、仲間にほぼ愛想をつかされた感がある。修道院にもいたくない彼は、スティーロに戻ってから数日後、アレーナ侯シピオーネ・コンクブレットに招かれて、アレーナに十五日間滞在した。次にピクツォーニに行きたいとアレーナ侯に頼み込む。

ピクツォーニでカンパネッラは、修道士ジョヴァン・バッティスタの友人たちに、近い将来待ち望んでいる〈変革〉が起こると言う。一人ででも、もし戦わなくてはならないならば、味方は大勢いるとバッティスタが誇ると、カンパネッラは次のように言うのだった。

たくさんいれば申し分ないでしょう。いつでも役に立つものですから。諸君主たちも国王も多く味方を持っている人たちの心に留まるものです。そしていつも味方はみなさんのために働くでしょう。

これを聞いた人の心は〈変革〉へと動いた。道でこの話を耳にした農民たちからは圧政への不満の声が飛びかい、カンパネッラは決意を新たにする。「神は賢明で善良な人々に万事を託しており、それがうまくいけば善となるし、首尾よくいかずば悪となるでしょう」とマウリツィオに話していることからも、圧政そのものへの視線はあり、救済の道を探ろうとしてはいる。しかし、カンパネッラ自身は〈変革〉のための軍事的蜂起にはほど遠いところに視点を据えていた。

肝心なときにスティーロを空けてしまったのも、そうした面での認識の甘さゆえであろう。カンパネッラはアレーナ候の許に滞在中、スティーロにいるジュリオ・コンテスタービレから、マウリツィオがトルコのガレー船隊の艦長のところに向かったという手紙を受けとっている。オスマン朝研究家の新谷英治によると、オスマン朝は海賊に提督や艦長の地位を与えて、北アフリカや南イタリア方面の支配権を掌握していたという。海の荒くれ者たちだからトルコ人ばかりではなかった。この場合も称号は艦長だが、実質は海賊であった。

カンパネッラは、ジュリオからマウリツィオがトルコ艦隊長と船上でトルコ艦隊に支援を求める契約を交わしたと報(しら)され驚愕する。

なぜならトルコ艦隊は略奪を行ない、カタンザーロやその附近一帯を襲撃したがっていたからです。とんでもないことをしてくれたものだと言いました。やつらは信頼できないし、敵です。信用できません。この交渉はマウリツィオの手でうまくいったと思っていましたが、彼はトルコ軍の条件をのんできたと応えました。トルコ艦隊はカラブリアに支配権を持つのでなく、沖合いで、蜂起を防害する者に恐怖感を与えるために錨を下ろしているだけだ、トルコは王国内での交易を欲しているだけで、他に何も望んでいない、と彼は言いました。というのも彼が、艦長アムラットがトルコ語で書かれた書類を私に示したからです。読めるわけがありません。

そして「用心しろよ、マウリツィオ、トルコ人はこんな書き置きなんか守らないぞ」と言って、そこにいる仲間に過去の悪例をいくつか挙げた。カンパネッラはマウリツィオの行動に悲憤を覚え、友情もこれまでだと臍を固める。

その後、カンパネッラはマウリツィオと袂を分かち、サンタ・カテリーナに気晴らしに三日間出かけていく。再びスティーロに戻ってくると、旧友である修道士ディオニジオ・ポンツィオがタヴェルナの修道僧をつまらぬ理由で叩きのめしたと聞かされた。ディオニジオは、聖職にある者が暴力をふるえば聖衣と読師を剥奪されて、三年間は牢につながれるのを知っていた。そしてマウリツィオと連絡を取って、カンパネッラの預言に則ったカタンザーロでの反乱の計画を説きはじめたのである。この陰謀には教皇クレメンス八世や枢機卿サン・ジョルジ、ミレート司教、ニカストロの司教、トゥーフォ家の人たちが支援してくれていると、ディオニジオは自分とカンパネッラの考えられる限りの顕職者たちを挙げていった。

発覚から逮捕へ

陰謀を発覚へと導いたのは、旧友のディオニジオ・ポンツィオということになる。彼とはニカストロのアッヌンツィアータ修道院時代からの友人である。彼は変革には好意的であったが、正式に仲間に加担してはいない。暴力事件を起こして懲戒になるのを恐れ、心の平静を失っての失言だったのかもしれないが、カンパネッラにしてみれば、予期せぬところからもれたことゆえ衝撃は大きかったであろう。

ディオニジオも収監されるが、看守と謀って脱獄してしまう。しかしコンスタンティノープルで再度暴力事件を起こしてムスリムに殺されている。

こうした賛同者は、たとえ友人といえどもあまり悦ばしい存在ではない。

陰謀の主要メンバーの一人であるマウリツィオという人物も、階級は貴族であったが殺人を犯してスティーロを追放された男であった。またコンテスタービリ家の人々も、一言で表現すれば「物騒」な感じがする。他にも各地にカンパネッラは出向いて仲間を募っているが、上は身分のあるものから山賊まがいの素性の知れぬ下層のものまで、身分、人品、教養その他諸々に均一性が欠落していた。これでは集団の一角が崩れれば、全体がもろくも瓦解していくのは一目瞭然である。陰謀の組織の強化に無関心だったカンパネッラは使徒的姿勢を最後まで保ったが、戦わずして逃げたという無様な印象はやはり残る。

陰謀にはカンパネッラの父（ジェロニモ）、末弟（ジョヴァン・ピエトロ）も加わっていて、ともに逮捕されている。最終段階にきてカンパネッラの警護役を務めた弟ファブリツィオは逮捕を免れた。

〈変革〉の目的はスペイン政府の介入しない国の創建、つまりスペインからの独立ということになるが、その範囲がナポリ王国すべてなのか、カラブリアだけなのかは「供述書」だけからは判断できない。しいて目的と言えば、カンパネッラの預言者的説法や自己顕示欲が当時の悲惨な政治状況にうまく見合い、彼は説法を試しえたし、また民衆に利用される格好にもなった。そうした変革の雰囲気を、世紀末という時代風潮の中で醸成することに成功したが、計画・仲間などの陰謀の実質面で結果的には失敗したと言えよう。

スティニャーノにいるカンパネッラの下にはスティーロのマウリツィオから二度手紙がきて、スティーロに来い、来れば救かるだろうと言ってきたが、行かなかった。

カンパネッラの供述はつづく。

私は真実において誓います。こうした事柄を私自身は決して話していませんし、ディオニジオは当方の使者として動いているとばかり思っていました。しかし彼は私を出し抜き、ドミニコを伴い、マウリツィオとともに私をせきたてて恐怖に駆らせました。私はこうはしたくなかったのです。彼らとは離れて〔実家のある〕スティニャーノにいたのですから。ディオニジオは船を出して仲間を集めに行きました。私は手紙をクラウディオ・クリスポに託しました。……するとクリスポは、私の敗北だろうと言いました。しかし私には信じられませんでした。ディオニジオがあんなことを喋って戦いの場に出るように私たちを脅したなんて。私は陰謀者名に私の名が挙ったがそれは違うと判事ダヴィドに主張しました。私はこの一件を知らないが、知っている限りを、判事殿の部下がカタンザーロにやってきたとき話すつもりだ、という手紙を書くつもりでした。ディオニジオはそういうことはするなと言いました。もうその域を越えてしまっているとも。父〔ジェロニモ〕はこうした知らせを耳にしたとき、びっくりして泣きだして私を諭しました。

逃げるしかなかった。サンタ・マリア・ディ・ティティ修道院（スティニャーノとわずかな距離）で食いつないだ。父は、反乱分子として反抗に及ぶくらいなら死を選ぶようカンパネッラに求めてきた。最後は海に逃がしてやるということで、ジョヴァン・アントニオ・メズルコの家に落ち着くが、メズルコの裏切りによって三日後の九月六日、スペイン憲兵隊によってロチェッラで捕縛されるにいたるのである。

供述の最後に、カンパネッラは「以上が私の知っている陰謀の一部始終です」と言い、「誓って言いますが、判事ダヴィド殿も感動した私の説教の言葉が、多くの人たちの心を動かしたとは思いも及びませんでした」と、意外性を述べることを忘れてはいない。

時と機会がここで言わしめさせたこれら特別な事柄を私は話しました。……いま話した内容が私の知り記憶しているすべてです。私こと、修道士トマーゼ・カンパネッラが書き、検事殿の前で署名いたしました。……

私儀、修道士トマーゼ・カンパネッラ

〈供述書〉に署名したあと、逮捕後一週間も経ない十三日までに、カンパネッラはスクイラーチェ城に移管され、裁判が行なわれている。

十月末までには、カンパネッラをはじめとしておよそ一五〇余名の囚人が、二人ずつ鎖につながれ、モンテルコーメを経て、ティレニア海（サンテウフェミア湾）に臨むビヴォーナまで歩かされ、ガレー船に乗せられてナポリに護送された。

十一月八日ナポリ港に着岸。逮捕からほぼ二箇月が経過している。十一月二十三日にはカステル・ヌオーヴォ（ナポリを支配したフランス・アンジュー家が創建した城。一二八二年施工。アンジュー家の砦とも言われる）に収監された。そこで、異端の疑いで、拷問を含む苛裂な審問を受けることになる。

第13章　二度めの異端審問にのぞむ

カンパネッラが一五九九年九月六日、革命蜂起未然発覚につき逃亡中のところを、スペイン当局の手に捕えられたことはすでに述べた。そしてカステルヴェテレ（現在のカウロニア）で、彼は「供述」を行なったわけだ。この「供述」の内容しだいで、ひょっとしたらその後の展開がカンパネッラにとって有利に運んだかもしれなかったが、結果として不用意な自白としか受け取れない形となってしまい、ナポリに送還されたあとも、その迂闊さが重くのしかかってくることになる。

あまりにも正直すぎたこともあるだろうが、あくまで政治的反逆として抑えた陳述をすればよかったのに、宗教的・預言者的要素の方が多くを占めていたがため、スペイン当局のみならず、ローマ教会も審判に加わってくることになってしまう。具体的に言うと、異端審問所と再び関わることとなったわけである。

修道士による審問

多数の共謀者とともにナポリに船で送られてきたカンパネッラは、カステル・ヌオーヴォの小塔に閉じこめられた。

一五九九年十一月十一日に聖庁は、クレメンス八世の名で異端嫌疑者たちをローマに移送するよう要求してきた。教皇としては、おそらくスペインのみならず正統カトリックである教会に反乱を企てたカンパネッラを、スペインの属州であるナポリではなく、自らの膝下で裁きたかったのであろう。しかし、裁判はすでにナポリで始まっていた。

裁判は十一月二十三日から開かれた。その第一回め、カンパネッラ喚問の様子の素描が裁判記録に残されている（『カンパネッラ裁判録』Firpo, 115-117）。


黒いあごひげを垂れ、平信徒の服に身を包んで、黒い帽子をかぶり、黒いコートを羽織り、革のズボンをはき、モラーノと呼ばれる毛織りのマントをつけた、若い男が取り調べを受けていた。男の手は聖書の上にあり、審問官アントニオ・ペリオの尋問に、真実を語ると誓ったあと、名前、出生地、両親、職業、居住地が質問された。


最後の二つに対しカンパネッラは以下のように応えた。

「わたしの職業は宗教的なものです。聖書を朗読し、ミサを執り行ない、説教をし、告解を聴くことです。わたしの住まいはスティーロにある、ドメニコ会派のサンタ・マリア・ディ・ジュズと呼ばれる修道院です。仮にわたしがこのような身なりになっているとしましたら、それはわたしを罰した敵への怒りのためゆえです。敵とは当局の追捕者ドン・ルイス・ジャラーバとわたしにジャラーバを差し向けたジョヴァン・ジェロニモ・モラーノのことです」

次に、生い立ちから修道生活に入り、ドメニコ会士の宗教生活の習慣を身につけてから、何年が経過したかについて問われた。

一五八一年、ドメニコ会に入会してはじめて聖職者になったようにわたしには思われます。

聖庁の尋問

明くる一六〇〇年一月十一日、クレメンス八世はナポリにおける代理裁判執行の小勅令を発した。もちろん教会に対する謀反の理由を判断するためである。この重要な任務についたのは判事ドン・ペドロ・デ・ベーラで、ナポリに教皇使節として派遣されたのは枢機卿アルドブランディーニであった。

一月十八日、カンパネッラに対して第一回目の尋問がなされた。カンパネッラは断固としてあらゆる容疑を否認した。法廷はローマの聖庁にカンパネッラを拷問にかける許可を申請、受諾通知が届いて拷問が始まった。

一月三十一日、連日の拷問で抵抗する力もなくなってしまったカンパネッラを、さらに、二週間、このうえない過酷な拷問に処した。カンパネッラはこの拷問に耐え切れずに泣き叫びながらすべてを告白すると言ってしまう。告白の中で、蜂起計画を練ったことは否定しつつも、仮にイタリアで予感の裡にある待望の革命がにわかに起こったとしたら、新しい型(かたち)の国家を築き上げたかった、ということは認めた。

カンパネッラのこの率直すぎるほど率直な自白は、拷問の果てにすっかり従順になってしまったせいであろうと、たぶん当局には良い印象で受け取られたにちがいなかろう。しかし彼はそれほど単純な男でなく、すべてこれも計算づくのことであった。抵抗より柔順であることを選んだのは、そうすることで救命・釈放への前向きな姿勢を充分に示唆できると踏んだからであろう。

自分が革命の首謀者であると見なされていることは、カンパネッラ自身も承知していた。また訴訟事件として公になった場合、絶望的な立場に陥る。そこで、自分が事件の全容をまとめる責務を担い、自己抗弁をしなくてはならないだろうと見ていたのである。

一六〇〇年三月、風采の上がらない弁護士ジャンバッティスタ・デ・レオナルディスによって事前に作成ずみの答弁をカンパネッラは展開した。そのありさまは勇敢でもあったが、結果は不毛なものであった。

四月二日、復活祭の朝、カンパネッラはかねて勘案していた計画を実行に移した。死刑をのがれるために狂気をよそおったのである。

彼は看守たちに、自分が藁床(わらどこ)の上で仰向けになりぶつぶつ譫言(うわごと)を呟いている姿を見せつけおいてから藁に火をつけたのである。独房は煙が立ちこめた。生と死の間にあることを自覚した者の火遊びである。無鉄砲でかつ強靭な精神力を持った男の狂言と言えよう。救かる可能性はまだあると背水の陣で臨んだカンパネッラの蛮勇は狂気の沙汰であるが、この一件はカンパネッラの生き方のひとつの象徴であると考えられる。

彼の中に潜む攻撃性——あえて言うなら十字軍的精神——が、自己保存という彼の思想的核の部分と重なり合ったときに、ちょうど独房で燃え立った藁の炎のごとく、内面から吹き出したのだ。

事件後すぐ、秘かにこの「狂人」はみずからの手で「答弁書」を書きはじめ、四月十日までに書き上げた。しかし、放火の一件で彼は気違いであることになったため、もう文書作成など出来ないし、そうした類いの書類も必要ないとされてしまった。

「答弁書」自体は、二月から四月にかけて書きついでいたらしく、現在二本の草稿が遺されている。二本を同時進行で書き進めていたか、連続して二本書きつづけたかは不明である。一つは、「第一の答弁概要」(Firpo, 119–171)で、カラブリアでの出来事をやんわりとたくみに物語っている。もう一つは、「第二の答弁概要」(Firpo, 172–213)で、カンパネッラの預言に刺激を与えてきた預言者の書物のアンソロジーであった。

第一の答弁

「第一の答弁概要」では、自分が、ただスペイン当局の治世を難詰しているのではなく、人の手であれ、神の御心であれ、預言によって導かれたことを、明確に示そうと努めている。カンパネッラは故郷スティーロに戻ってから『スペイン帝政論』に手を入れていて、蜂起の政治的理念の支柱としていたが、逮捕されたからには、論考の内容を主張することがもう許されないのを知らないわけがなかった。

彼は、黙示録的な可能性をさまざまな証拠を列挙しながら縷々述べ立てている。たとえば、新世界（大陸）で福音を説くこと、生死を決する一六〇〇年という年が近づいていること、空に巨大な彗星が見られること等々である。

このように純粋な救世主信仰による言辞をわがものとしているカンパネッラの脳裡には、各回答が保持されており、何枚でも手持ちのカードを切って出せるのであった。

「この世のエルサレムを再び創建しなくてはならない」という文脈のあと、こう記している。

そして教父たちの中には、類比的な解釈を用いて、将来天上界ではじめて平和な共同体が実現すると主張している方々がいるけれども、そう述べた教父たちと私も意見を同じくする者ですが、先達のご見解は文言どおりそのとおり解釈すべきであって、つまりご見解によれば、すでに地上に、ある種の天上の都が実現される運命にあると思われるのです。

それから拷問中の自白が無実を訴えているのは当然であること、立場上自身の異端性をすべて否定し、「カラブリアで異端を打ち立てるには、有力者たちの勢力をその気にさせなくては不可能です」と書いている。しかし実際、カンパネッラは、一部の勢力者たちの心をもゆさぶる演説をして、仲間に引き入れることに成功している。

仲間に引き入れた事実をきちんと押さえた上でこう弁明してゆくのだから、したたかである。これこそレトリックの真髄であろう。自分の罪を全面的に否認はせずに、自分が不利にならないようにすっと首を引っ込めてしまう。つまり、自分からさそったのでなく、有力者の方からやってきたのだ、と言っているのである。弁明、弁解の文章でありながら、読み手をいつのまにか煙にまいてしまうのである。そしてついに、結局自分は、大渦巻の中で身も心も自制することができず、もっぱら「預言者や星辰に翻弄される一匹のハエ」だと言い逃れをしている。この意味するところは、一匹のハエにしかすぎない自分に、新生共和国を構築しようとしても土台無理であり、仲間が必要であって、自分ひとりが責めを負うべきではないと暗に言っているわけである。

第二の答弁

次は「第二の答弁概要」について見ていこう。

「第二」の方は分量的に「第一」の三分の二ほどのもので、「第一」とちがって1から15まで番号が附されている。「第二」は、カンパネッラの預言の源泉となった預言者たちの言葉（預言）に言及したその集積の感があるので、カンパネッラ自身、記憶の整理をかねていたと考えられる。副題に「カンパネッラの抗弁中、挿入された預言者たちの断章」と記されているのも理にかなっているというものである。

「第二」の要点は大きく分けて二つに絞られるであろう。

一つは、千年王国の思想と同類（アナロジー）の意義を、一五九九年という時代背景に彼が仮託している点で、事を成すことで歴史的に有名になることにはあまり意を注いでいないようだ。陰謀が成功すれば、後世自分が名をのこすことになるのは充分承知しているはずで、それよりも自分が千年王国の思想の継承者であることを示す方にいっそう重きを置いていたと見受けられる。

二つめは、初期教父たちの文言ばかりでなく、ダンテ（中世の幕を閉じた詩聖。『神曲』作者）、ペトラルカ（ルネサンス人文主義の父）、そしてフィオーレのヨアキム（千年王国論を打ち立てた人物）の言葉も支えとしていることであろう。この三名は5に出てくる。5の最初の部分を少し試訳してみよう。

5　万民の一致した見解により当然の理由として、キリスト教の国家（レプブリカ）は国民全員を至福の環で包み、一人の首長の下で、世界の終末の前に次の段階の世界を実現することになるでしょう。じっさい、原初の世界では世界は唯一神によって創造され、アダムの下、至福でかつ至高の国家（スタート）でありました。従いまして、一つの国家に戻る前にこうした再統合がなされるでしょう。というのも、唯一の神というのは太陽だからです。

こういった調子なのだが、唯一神が太陽だと言ってしまっては、自分の異端性を告白しているのに等しいわけで、カンパネッラという人物が徹底して自分の思想にこだわりつづけて、破棄する気もないことがこの一文だけでも明らかである。

裁く側としては、太陽崇拝がルネサンス・プラトン主義やヘルメス主義の系譜を引いていて、その限りでは被告を盛期ルネサンス文化の申し子であることは認めつつも、トリエント公会議後の時代にあっては断じて許容できなかったであろう。

カンパネッラの言葉の中にフィチーノの太陽崇拝の新プラトン主義思想の片鱗がうかがえて興味深い。太陽崇拝は異教的な一面をおびていた。

さらにカンパネッラは、同じく半島の統一を第一義としたマキアヴェリに対して、宗教を統治の方便としたことで憎しみすら感じていたが、彼の目指した考えは、奇しくもマキアヴェリと同じイタリア半島の政治的安定（統一）であった。

キリストその人に帰せられる世界統一を、キリストの第一の使徒である教皇がなすべきで、そのためには聖俗両界の分裂を再統合へと向けていかなくてはならない。そこでカンパネッラの想念は、カトリックの王であるスペイン国王が、教会に不利益をもたらさないという枠内で、新大陸をはじめとして、地上地域を統治していく――という仕儀に至る。

権謀術数的な政治感覚を持ち、フィチーノの理念を素直に受け継いだ、二重構造をもつ種類の人物が、フィチーノの死後二百年、マキアヴェリが政界入りしてから百年後に登場して、反動的政策に傾いた教会とスペイン政府の下で獄につながれるという事態に、きわめて象徴的な印象を私などは抱くのだが、いかがなものであろう。

14に以下の文章が見出される。

> 確かに、多くの食、洪水、性病、アメリカの発見、グレゴリウス十三世（在位一五七二―八五年）時代になされた暦の改正（一五八二年実施。現行の太陽暦）、ペスト、昔日の異端、観察された星の運行、ナポリ王国が行なった国勢調査、トルコ帝国でいまにも起こりそうな分裂、信仰心の欠如、イタリアへの恐るべきイナゴの襲来は、人間の事どもに変化を予告するものであります。しかし変革（ムタツィオーネ）が差し迫っているべきものならば、それはある決定的な時に生ずるのは確実でありましょう。かくてその時こそが一六〇〇年につづく七年間に在るわけです。

これを読むと、カンパネッラが最終的には〈変革〉の必然性を説こうとしているのが一目瞭然であるが、挙げられた事例の豊かさに、カンパネッラの知見の幅がうかがえて興味がわいてくる。自然災害は言うまでもないが、イタリア戦争時に発生した梅毒などの性病や、ペスト、それに昆虫の異常発生といった危難を記している。観察による星の運行とはコペルニクスの著作を指しているだろうし、太陽暦が施行されたことも彼には重要に思われたのである。

新大陸アメリカの発見が、やはりその時代を生きる知識人にとって書きもらせない出来事であることがわかる。カンパネッラが生まれたあと十年くらいして死去する北イタリアの自然魔術師カルダーノも、その自伝の中に、新大陸の発見を寿ぐように綴っている。新大陸からはトマトやじゃがいもなどいろいろなものがヨーロッパにもたらされていること、またなによりも世界が広まったことが、知識人たちの好奇心をあおったのは容易に想像がつく。

トルコ帝国の危機は、一五七一年にレパントの海戦でスペインに敗れたのが起因しているのかもしれない。十六世紀末から十七世紀にかけて、イタリア（特に南イタリア）の人たちがトルコをどのように見ていたかは、カンパネッラの書き遺した文章を読んでいくにつれ、じわじわわいてくる疑問——そして考えなくてはならない問題であると痛感される。

引用した答弁書では事項の中のひとつとして組み込まれているが、先に述べたように一五九九年九月十日のカステルヴェテレの「供述書」には、畏敬とも憧憬とも、いずれでも解釈できる文脈（それも陰謀者たちとカンパネッラとの会話）ので、トルコのスルタンの名が登場していた。これがどうしてなのか、依然として不明である。

ナポリ王国の国勢調査が一五九一年と九五年の二回じっさいに行われたことは既述した。国勢調査がナポリ王国の危機意識のひとつの顕われであったことだけは銘記してほしい。ナポリ市の人口は二回とも二百万人を越えていて、それよりも人口の多かったカラブリア地方の惨状を暗示する結果ともなっている。人口過多による食糧不足と雇用難で、人々はナポリやメッシーナなどの都市に移り住むようになる。

カンパネッラの記述はこうした現実の有り様を的確に捉える、ある種のドキュメント性を特徴としているが、これは次にくる自己の預言の正当性を主張せんがための前説にしかすぎない。

「一六〇〇年につづく七年間」に変革が起きる、と述べる折の彼の筆致は自信に満ちている。〈変革〉はあるべきものとして述べられていて、決定的であると、彼は時期まで限定してしまっている。

カンパネッラはみずから救世主（メシア）であると明言すると同時に、自分が神的ないしカリスマ的なオーラを賦与された人物であると思っていたのかもしれない。常軌を逸しているが、常道にかなった人物ならけっして言明しないことをカンパネッラは断言できるのであるから、彼を論難してはならないであろう。時代（世紀）の境目を生きた人間の定めとして冷静に私たちはこの人物を見つめるべきであり、時代の典型を考察する契機とする必要があるであろう。

第14章　過酷な拷問に耐える

盗聴

先に述べたように、一六〇〇年四月二日（復活祭）の朝カステル・ヌオーヴォの獄舎で、カンパネッラは藁床（わらどこ）の藁に火をつけた。狂人をよそおったのである。

当局はこれが狂言であったのか、ほんとうに気が狂っての行為か見定める必要があった。事件から二週間も経たないうちに調査に乗り出している。カンパネッラの狂言の真偽をあばいて、彼が正気であるのを実証することが当局の当面の仕事となった。

当局はカンパネッラと同志ピエトロ・ポンツィオとのあいだで夜間に交わされた独房内間会話を盗聴して、狂人であるかないかを二度調べた。

「盗み聴きによって記録されたカンパネッラと修道士ピエトロ・ポンツィオの間で交わされた夜半の対話（一六〇〇年四月十日と十四日、ナポリにて）」（『カンパネッラ裁判録』Firpo, 215-221）がその報告書である。

検事ジョヴァンニ・サンチェス・デ・レーナが公証人バッレーゼに依頼して、二人の書記官に夜間獄舎の通廊を這って盗み聴きするよう委託した。通廊の両側に囚人たちの独房が立ち並んでいる。扉の上部に覗き穴があって、そこから見える範囲は限られているので、盗聴は通廊の地べたに這いつくばって潜んでいれば可能であろう。

聴き取れる話はすべて記録するよう命ぜられた。もちろん二人の刑務官を証人として伴わせる。これからその一部始終を見ていくが、十六世紀末年の囚人たちの牢獄での生活の一コマが生き生きと報告されている。囚人たちの苦しみ、不安、さらに哀感をさそう同性愛の実態の一端が浮き彫りになる。

まず特任書記官として命を受けたのは、マルチェッロ・デ・アンドレアニイとフランチェスコ・タルターリアで、立ち合った刑務官がアルフォンソ・マルティネスと下僚オノフリオ・マルトレルである。

二夜の調書が遺されている。

一六〇〇年四月十日、午後十時頃。

トマーゼ〔・カンパネッラ＝以下T〕――弟のジョヴァン・ピエトロと父のジェロニモは大丈夫だろうか。

ピエトロ〔以下P〕――大丈夫だよ。二人とも聖職者じゃないから。ジョセッポ・グリッロとフランチスカントーニオ・オリヴィエーリといっしょだろ〔二人も陰謀の加担者で被告だが在家であった。これに対しカンパネッラもピエトロも修道士という聖職者であり、聖界俗界のいずれかに属するかによって獄舎も異なっていたことがわかる〕。

T――君の兄弟たちはどうなってる？

P――フェッランテはほかの連中といっしょにヴィアリアの民間刑務所にいるよ〔ピエトロ・ポンツィオは三人兄弟の一人で他の二人はフェッランテとディオニズィオ。この文脈だとフェッランテは聖職者ではなかったようだ。ディオニズィオは聖職者で、カンパネッラに陰謀の発覚を最初に告げた人物である〕。

T――ああ、気の毒に！　フランチェスコ・アントーニオ・ドリヴィエーロの莫迦さ加減は知ってる？

P――俺の方を見ろ！　きょう全部〔「第一の答弁概要」を示す〕仕上げた？〔ゴシック体部はラテン語〕

T――書いた書いた、全部書き上げた。

P――〔刑務官の〕マルティネスはいま城の外だ。オノフリオはマルティネスを長（ちょう）づけで呼んでいるな。いまなら話せるんじゃないか。

T――スペイン人がどんな人種かわかってないのか。

P――知ってるさ、悪埒な輩だ。

T――トンマーゾ・アッザロは釈放されただろ、知ってる？

P――いや何も。上の階のだれかに訊いてみなよ。

T――無理だな。ピエトロとじかに話すことができないのは残念だけれど、そのピエトロ〔・プレステーラ、カンパネッラが帰郷した一五九八年末、スティーロの修道院で世話になった人物〕宛てに明日でも一筆書き送ってくれないか。あの人は人間味のある人だった。

P――着守に見張られてるぞ！　ラテン語で話せ。無教養だから、やつらはラテン語がわからない。

しばらく無言が続いたあと――

P――誰もいないようだ。見張るなんて邪な気のある人間なんかいないよ。明かり、あるか？

T――いや、全然。もう寝よう、真暗だし。

P――お休み。

記録されてしまってはいるが、ラテン語が知識人や聖職者にしか理解できない言語であることがいまさらのように把握しうる。

一六〇〇年四月十四日深更、午前零時から翌十五日の二時にかけて。

ピエトロが四度トマーゼ〔・カンパネッラ〕を呼び、言うには、

「おい、修道士トマーゼ、フラ・トマーゼ、やい、トンマーゾ！　トマーゼ、聞こえないのか、起きてるのか？」

T――こんばんは、こんばんは。

P――起きていたか。体調はどうだ？　何してる？　いい雰囲気になってるぞ。きょう教皇庁からの使節がここにやってくる。何らかの期待はできるだろう。

T――ピエトロよ、例のやつをやろう。いっしょに寝て愉しもう。

P――そうしたいのはやまやまだよ。十ドゥカーティの袖の下を看守に包まなくちゃ無理だろうさ。望むなら一時間に二十回、投げキスをするよ。ナポリの人たちのため詠んだ君のソネットをなくしてしまったけど、俺は全部そらんじている。君の文才で謳われた詩を読むほど心がぬくもるときはないよ。

T――教皇使節にも作りたいな。

P――そりゃいいが、俺にも頼む。いや先に俺たち兄弟に作ってくれ。フェッランテのためにいくつかほしい。そのあとだ、大使には。

T――わかった。寝るぞ。お休み。

教皇庁からの使節とは、枢機卿アルドブランディーニのことである。この姓は教皇クレメンス八

世の俗名（イッポリット・アルドブランディーニ）が示すように、使節が教皇の一族であることはまちがいないであろう。十五日の対話はきわめて良好に進められたとフランチェス・タルターリアは記している。

カンパネッラが詩作の才に秀でていたことが読み取れる。幼少から発揮されたこの文才は、獄中でもついえることはなく、作品を生みだしつづけた。のち一六二二年に、カンパネッラの信奉者トビア・アダミの手によって『哲学詩集』としてまとめられ、いま私たちは読むことができる。

二人の対話を聞く限り、やりとりに異常はなく、狂人を思わせる言動は見られない。興味深いのは、「例のやつ」である。カンパネッラは、以前、パドヴァで男色の疑いをかけられたことがあった。「例のやつ」が同性愛行為かどうかは、考えてみる価値があるのではなかろうか。

尋問

結果として二人の会話は正常人の話し合いだったので、当局は次のような一連の所作に出る。整理する形で、藁床放火事件から列挙してみよう。この間大切なのは、カンパネッラが一貫して狂人を装いつづける忍耐を堅持したこと、それをなんとか打ちくずそうとする審問所側の労苦である。

（1）一六〇〇年四月二日――藁床放火事件

（2）一六〇〇年四月十日、十四日――夜間独房盗聴調査
（3）一六〇〇年五月十七日――尋問
（4）一六〇〇年六月九日――ローマよりの報告書（書簡）
（5）一六〇〇年七月十八日――拷問
（6）一六〇〇年七月二十日――尋問
（7）一六〇一年六月四―五日――〈徹夜〉の拷問
（8）一六〇一年七月二十日――看守たちの証言供述

この七つのうちで、一般的に取り上げられる有名なものは、（1）の藁床放火事件と（7）の〈徹夜〉の拷問である。この二つが肉体的にも精神的にも普通の人間の行為だとは考えられず、またカンパネッラが強靭な忍耐力の持ち主であることの証左として挙げられる。ここでは、主に（3）と（4）を中心に見ていきたい。

（3）については、夜間独房盗聴調査のあとほぼ一箇月後に開かれたカンパネッラに対する尋問の口述記録書がある（『カンパネッラ裁判録』Firpo, 223-225）。より正確に言えば、狂人を装ったあとにはじめて書かれた調書である。尋問者がある意図を抱いてカンパネッラに問い質している様子がうかがえる。

要約すると以下のようになろうか。

一六〇〇年五月十七日。場所はナポリのカステル・ヌオーヴオ。尋問者は、アルベルト・トラガリオーロ、エルコレ・ヴァッカーリ（ナポリ大司教アルフォンソ・ジェズアルドの代理）、アントニオ・ペリの三名。

アルベルト・トラガリオーロは、一五九二年から九九年までローマの異端審問所の委員をしており、九九年十一月末にテルモリ（ナポリ近郊）の司教に赴任して、カラブリアの陰謀の裁判官の一人として加わった人物である（しかし一六〇一年一月一日にナポリで死去）。

この尋問書を記録した「私」なる書記官などももちろん同席している。

カンパネッラはこの三人の前に席を設けられて、じかに尋問を受けている。カンパネッラの狂気を疑う三人の企図が真実を言わせようという点にあるのは明らかであり、それに対してカンパネッラは質問の内容など理解できず、自分が狂人であるふりを押し通そうと意を固めている。

こういう態度のカンパネッラに、「質問にきちんと応え、狂人を装うのはやめなさい」と尋問官たちは述べている。

ここで考えてみなくてはならないのは、尋問者たちが引き出したい「真実」がいかなるものであったか、ということである。

はたしてカンパネッラは狂気を装った陰謀の首謀者なのか、ほんとうに狂人にすぎないのかどうか。この場合の「真実」は前者、偽装狂人のほうだと思われるが、書記官による次の記述を読むと、カンパネッラはほんとうに狂人であったほうがよかったことがわかる。

「被告から正確な回答を得るために、もし逆の場合だったら、拷問を課すしかないであろう」と記されているからである。「逆の場合」というのは、正気であった場合を意味しているのはまちがいない。

正気ならば、放火の罪を拷問の直接の理由にもできるし、陰謀の首謀者としてその内実を白状させることも考えられよう。

尋問の当初、カンパネッラは、神に誓って質問に応えるよう申しわたされており、聖務日課書（一日の「祈り」の時間を示した本）が持ち込まれていた。これに対して「〔読めないので〕私にそれを読んで下さい」と、狂人の真似をするだけだった。

結局、何も得ることができなかったので、カンパネッラは独房に戻されることになる。


若干の准測を加えて書いてみたが、二百語余の文章にしかすぎないので、邪推にならない程度におさえておいた。はっきり言える点は、カンパネッラを再度拷問にかけるべきだと尋問官たちが心の底で思っていた事実である。それは（4）のローマの異端審問所からの返答書簡から明確に読み取れる。
（4）は前述のように一六〇〇年六月九日付で、差出し人は枢機卿ジュリオ・アントニオ・サントロである。落手したのは、五月一七日の尋問官の一人アルベルト・トラガリオーロで、彼はローマの異端審問所に（4）の書簡を受け取るまで二通の文書を送付していることが文面から判読される（Firpo, 227–229）。

（3）の尋問記録と同じく二百語前後の短いものである。試訳もまじえながら、ローマ側がカンパネッラをどう扱うべきと考えているのか、その対応策について考察してみたい。

書簡はこのように書きだされている。

……五月十二日、十九日付の閣下の二通のご書簡は、教皇様ご臨席の、先週木曜日の評議会で拝見いたしました。トンマーゾ・カンパネッラが狂人を装い、宣誓もしたがらず尋問にも回答しようとしないと閣下からお知らせいただいた特記事項に対しましては、以下のように教皇様がお考えを述べられましたのでお伝え申し上げます。

当然ローマ教皇クレメンス八世の意向が反映されるかたちになっていて、その当時も教皇をまじえての会議がやはり絶対的な決定権を持っていることが読み取れる。聖庁の評議会は隔週で開催されていたが、最重要決議は、ふつう教皇臨席の下で開かれる木曜日の会議で裁断されるのがつねだった。

教皇のその考えというのは、正確な回答を得るためには三人の尋問官に「すべて一任する」というものだった。ただし教皇は二つの条件を付加している。一つは、陰謀の理由や誰が主謀者かを問わないこと。二つめは、被告の人間としての尊厳を傷つけないようにすることである。

この二点は一見するときわめて紳士的で人間味のある言葉に思われるだろうが、「ピラトの手洗い」と同義で、次の引用からもあきらかなように暗に拷問下での自白や否認に法的価値があることを示している。つまり拷問にかけるのもかけないのも尋問官たちの判断しだいで教皇は関知せず、実際はともあれ、被告の尊厳は保たれたものと考えると言っているのである。


……要するに教皇様は、……あらゆる有効かつ法的な手段を用いてカンパネッラや従犯者たちが述べかつ主張する、異端的言辞を中心とした真相をお知りになりたいのでありまして、それは反乱の原因の重大さを調査することと同じなのです。


そして「閣下のご深慮と手腕を信頼申し上げております」と結んでいる。

実に用意周到な書きようではあるまいか。

クレメンス八世はジョルダーノ・ブルーノが一六〇〇年に火刑に処されたときの教皇でもあるが、その際も「火刑にせよ」とは直接命じていない。「ピラトの手洗い」で火刑と判断したのは司法官たちであった。最高位、特に聖界のそれの場合には、善なることはみずからの名で、不利益なことは「ピラトの手洗い」方式で実行されていたのであろう。

差出し人である枢機卿サントロは、ローマ異端審問所長として、教皇の権威をたくみに用い、ナポリでの異端裁判所の裁下に認可を与えたことになる。法の枠内でカンパネッラと共犯者の自白を得るために有益な手段を用い、カンパネッラには拷問も辞さずと書き送ってきたわけである。

こうして（5）の拷問が一箇月余後に行なわれる。「カンパネッラに加えられた縄による拷問の記録」（『カンパネッラ裁判録』Firpo, 231-239）がその記録である。

何度も拷問にかけられて気の毒だが、拷問の目的は、陰謀の原因・動機の糾明から狂人か正常であるか否かの見究めへと変化している。

カンパネッラが懸命に、無罪を勝ちとり生き延びようと必死になっているのがひしひしと伝わってくる。裁く側も万策が尽きるまで責めつづけるであろう。

縄による拷問

（5）について「縄による拷問記録」を読んでみよう。拷問が行なわれたのは一六〇〇年七月十八日である。すでに五月十七日にも三人の審問官の前で取り調べを受けている。約二箇月後のこの日、カンパネッラは二人目の被尋問者であることが記述内容からうかがえる。

再び三人の同じ審問官〔アルベルト・トラガリオーロ、エルコレ・ヴァッカーリ、アントニオ・ペリ〕の前である。聖務日課書に手を置いて誓いを立てたあと、審問官は逮捕時のことを問う。――誰に、どこで、どういう理由で逮捕されたかを。

「あいつらは俺の弟〔ジョヴァン・ピエトロ・カンパネッラ〕を引っつかまえやがった。その次、俺を挑発しやがってよ、身包みをはがされちまった。このありさまだよ。俺はたくさん本を書いてきた。着替えもさせてくれたよ。聖書を大切にしなくちゃならない。教皇様がいらっしゃるべきだ。俺についてあんたたちが来るには及ばない」。つづけて、「この帽子なんぞ、ぜんぶ引き裂かれちまった。着ていたこの服だってみんなズタズタにされたよ」

ここで多少ともわかることは、カンパネッラが、逃亡最末期〔逮捕寸前〕のときの農夫の服装のまま収監されている、という事実である。

そこで帽子を刑吏が取った。彼は立ち上がり、その刑吏に向かって声を高くして話しはじめる。「こいつらを見ろ、俺の帽子をほしがってやがる」

加えて、「教皇様がお見えになって、このこと〔帽子を奪い取ったこと〕を解決しなくてはならないな」

こうして場ちがいな発言、というより放言をしながら、とにかく脈略のない展開に持っていっている。カンパネッラ自身が帽子や農良着のみすぼらしさを喋ってくれているので、当時のカンパネッラのみじめな相貌がありありと浮かんできて、その意味では新鮮ではある。しかし審問官たちは憤りを抑えておくのがやっとだったのであろう。審問官たちが、「あなたは正確に返答しなくてはいけない」と言っているのに、カンパネッラは故意に正反対の振舞いをしている。それは前にも書いたように、きちんと応えれば正気とみなされ被告に責任が生じるからである。正確でなければ、判決にまでも至らない、ということである。確信犯カンパネッラはさらに言う。

「ここに教皇様がおいでにならなくては。司教様たちなんか、葬儀税〔クアルタとは「五回目」の意味で、五回目の葬儀のときには教区教会に葬儀税を納めることになっていた〕を受け取るべきではない。俺はスティーロの修道院に配属されたのだ。田舎者の俺がそれを引き受けて修道僧たちに書き送ったんだ。奴らは何もやってない」

審問官たちは教皇ではない。カンパネッラは教皇の臨席を望み、それ以外の地位の人間による審判を拒んでいる。

彼らは供述内容から拷問の必要性を判断してその場でボロ着をはぎ取り、太い縄につないで吊るすことにする。正確な返答を得るのにいかに拷問が必要かは、マニュアルがあった。

供述に関して前述のように、あるときは鼻歌を唄い、あるときは無意味な言葉を吐き散らしたカンパネッラは、刑吏たちに拷問室に連れていかれた。そして手順どおりに、衣服をはぎ取られ、太い縄につながれて吊るされた。吊るされる際、彼はわめきだした。

「ああ悲しいかな、殺されるんだ！　ああ、裏切り者たち、鬼どもめ、身をひさぐ者、そういう輩が俺に死をもたらしてやがる！　聖母様、我を救い給え！」

吊るされた状態のカンパネッラに逮捕された日や誰に捕縛されたかを尋問すると、罵詈雑言が例のごとく返ってくる。

「下ろしてくれ、聴きたいこと、何もかも言うから。教皇様に、教皇様に！」

床に落とされると、

「こいつらは何の殺し屋連中なんだ？　この道具は何だい？　なぜ俺がこんな目に遭うんだ？　アレーナ侯がこんなことされたら耐えられないだろう」

きちんと応えるよう、さもなければ逆さに吊るすと言うと、奇妙奇天烈なことを言い返してくる始末。

次に、なぜ逮捕されたかについて尋問すると、「俺は仕師（ジュディチョ）〔国難の際に民衆の指導者となった者たち〕の出現を預言した。教皇様が来るべきだ。教皇様が来られないのなら、とにかくどんな策も、何をやってもダメだ」

こういう調子ではまた吊るすことになってしまうと警告すると、

「おお神よ、俺を殺さないで！　俺は王の御心を害することなどいっさいしてこなかった……あんたらがこんなひどい目に遭わせたいなら、葬儀税（クアルタ）なぞもう払わないぞ」

カンパネッラが必死に狂人を装うことで拷問をなんとか避けようとしているのがわかるが、不可解な発言をすればするほど、それだけ不利になっていくのは悟っていたと思う。

たとえば、かつて一五九四年ローマの獄中につながれていたときのことに話題を振ると、やはり、またもや

「下ろしてくれ！」

逮捕は誰にされたかと再び問うと、

「俺は死ぬ。下ろしてくれ！」

下ろしてくれたら本当のことを喋るだろうと不意に言いだし、「ありがたや、うれしや、俺を下ろしてくれるとは」と言う。そして、

誰に逮捕されたかと三たび問うと、

「みんなに」

と答える。そして狂人のふりをしていられないように誘導していくと、正確な回答を聴き出すためにいっそう拷問が厳しくなるのを知ってか、

「俺はあんたに何もしていない」

こういった具合に記録は水掛け論法でまだつづいていくのだが、ついに尾籠な内容に話は落ちていく。

突然カンパネッラが、真実を話すと約束するから下ろしてほしいと乞うので下ろして縄を解くと、「ああ悲しや、我慢することができない」、そして、「小便をするぞ、兄弟よ」と応えて小用をしはじめた。

そこで沈黙。

やがて叫んで言うには「息ができない、鼻で息ができなくなった」

さらに、

「靴下の中に糞をしている」

と言って黙った。

不毛なやり取りがつづいていく中で、ついにカンパネッラがどうあがいても無駄なときが近づいてくる。縛られたいのなら縛るぞと言うと、「親父〔ジェロニモのことで、このときは同じ獄舎にいた〕が何もかも知っている」と言って口を閉ざしてしまう。

縄に縛られてしまったあとで、

「おお、教皇様、父さん、あなたたちはまた俺を殺したがっている!」

そして聖母マリアについて二言三言。正気の沙汰でない二、三の発言があったのち、ふつうの者なら三十分のところを、たっぷり一時間、吊るされた。

拷問終了後、縄をほどかれて気力の回復するのを待って、独房に戻された。偽りの狂人を告白させせようとする当局の執拗な拷問は、今回もカンパネッラにはぐらかされて失敗に終わる。

尋問

二日後の七月二十日、痛むからだのまま三人の同じ審問官の前に引き出されたカンパネッラは、また尋問(6)を受ける(Firpo, 241-245)。もちろん真実を言わせるために、である。

彼は姉妹について訊かれている。

「コスタンツァは修道女に、エミリアは結婚しており、その下にジュリア」

エミリアは癇癪持ちだったらしく、ジュリアはその後結婚して、モッタ・ジョイオーサという小村で生涯を送った。

　聖務日課に関しては、

「お祈りをし、ミサをし、説教をしています。私が話をすると、『トンマーゾ修道士はいつも上手だ』とみんなが言ったものです。立派な家庭のお嬢様にも説教しました……この方は私に葡萄酒と卵を贈って下さいました」。彼女は以前逮捕されたさいの拷問の果てに痛んだ彼の腕の疼きに涙を流したという。

　実の父親をどこで見かけたか、との質問に、

「アンジェロ大修道院で、です……メロン四個を贈ってくれました……」

　さらにこんなことも言う。

「あなた方に、かの立派なお嬢様をご覧に入れましょう……」

　狂人を装うのをやめて、陰謀の真相解明のために応えよと叱責されて、この尋問も幕となる。カンパネッラは再び独房へと戻された。

　以上が、七月の拷問（5）と尋問（6）のおおまかな内容である。カンパネッラは何があろうとも生きようと懸命になっている。そのためにはなりふり構わず、といったところが、ひとつの強固な意志となって伝わってくる。

徹夜の拷問

次の拷問（7）が有名な「徹夜（不眠）の拷問」と呼ばれる、まさに、彼が狂人であることを、立証しおおせた刑だった。これは腕を後ろにねじり、手首をしばり、鋭利な木の釘のついた椅子の上、二、三センチのところで宙吊りにする拷問で、三十六時間以上、眠らせない過酷な刑だった（Firpo, 247-263）（人間は眠らなくては生命に危険が迫って来る、と言われている）。

眠たくなったり、宙吊りに耐えきれなくなったりするとしぜん、椅子に腰をおろす。そうすると臀部の肉が裂けてしまう。だが、カンパネッラは狂人ゆえに、それを押し通すしか術はなかった。ここに彼が異常であることが八割方証明され、死刑への危惧は消え去ったのである。

最後の尋問（8）（Firpo, 265-267）は看守になされたもので、「徹夜の拷問」から二週間後だが、カンパネッラに目立った変化はなく、かえって彼は堅忍不抜の精神で、独房で、『政治的警句 *Aporismi Politici*』を書いていたほどだ。

そのあとに書かれたと思われるカンパネッラのソネットを紹介しておこう（『哲学詩集』第十八扁）。

> われらが主なるキリストに
> いまの世の中、あなたを信ずる人々は、
> あなたのために十字架に掛けられた人よりも、御身を十字架に掛けた者どもの方に似通っている、

善なるイエスは、全く流浪の身で、みずからの思慮分別を見定めた方である。

不節制、悪口、背信、そして中傷は、
頗る尊敬に値する聖人たちの心に、常軌を逸した苦悩、恐怖や悲嘆の罠にかけようとして、
着々とはびこりだしている。

（〈黙示録〉に天罰はない）

御身にとって悪い知人・友人どもには、僕同様に武器を。

心を読めばわかるものだ。

僕の人生と受苦は、つねに御身の徴である。

よしんばご降臨の機あらば、主よ、武具で身を固めて来られよ。加うるに、十字架も必ず携えて。敵は、ユダヤ人でもトルコ人でもない。

ここ、キリスト教徒の王国である。


最終的な拷問の直後（一六〇一年夏）に書き上げたと思われる。キリスト教の信徒たち（当局）が、往時の迫害者とそっくりの状態になっていると嘆じている。神の適切な配剤が必要なのである。

第15章　判決を受ける――獄中の日々（一六〇一年末―二六年）

「徹夜の拷問」で、ついに狂人であることが立証されたカンパネッラは、法的に死を免れた。一六〇一年十一月十三日、ローマの検邪聖省は、彼に無期懲役の刑を宣告した。ナポリは、すぐに終身の投獄の処置をとった。逃亡の危険をおそれて、カステル・ヌオーヴォの彼の独房は他の囚人より離れた場所に移された。

翌一六〇二年には、革命の理念的青写真を綴った『太陽の都市』（邦題は『太陽の都』）を、カステル・ヌオーヴォの独房で執筆している（出版は一六二三年）。これはカンパネッラの名を現代にまで知らしめる作品となった。また『形而上学』を起草している。

一六〇四年、サン・テルモ城の苛酷な「穴」（独房）に移されて四年間すごすことになる。サン・テルモ城はヴォメロの丘の上にあり、極刑の者が収監された。ここで、やがて『哲学詩集』に収められることになる哲学的詩の多くを書いた。『哲学詩集』は、これまでも数篇引用してきたが、全体で八十九編のソネット、マドリガーレ、長詩から成る変則的な詩集である。その名の示すとおり、哲学的な内容が織り込まれていて、カンパネッラの汎感覚主義、ヘルメス思想からの影響を示しており、たいへん興味深い。そして、カンパネッラがやはり詩人としても当代一流の才能を持っていたことを顕著に示すものである。同じく一六〇四年、主著『事物の感覚と魔術』を書き上げる（出版は一六二〇年）。『事物の感覚と魔術』は、四巻構成の著作である。第一巻が「事物の感覚と空間」、第二巻が「霊魂と（共通）感覚・感覚器官」、第三巻が「星界と共感・反感」、第四巻が「魔術論」といった構成で、たいそう難解な作品ではあるが、本書を読むと、カンパネッラの思想・哲学の全容が明白となる。短文でリズミカルに書かれていて、さながら俳句の連なりのようでもある。

一六〇八年、「卵城（カステル・デル・オーヴォ）」に移される。ここでは面会も許され、友人や弟子たちが訪ねてくるようになる。所謂軟禁状態である。

一六一〇年、ガリレイの『星界の報告』を読み、熱狂する。

一六一三年、サクソニア人でカンパネッラの信奉者である、トビア・アダミが卵城を訪れる。彼はトビアに、自分の哲学的作品のうちのいくつかを手わたした。その中には、『哲学詩集』が含まれていた。

一六一四年、狂人であるはずのカンパンネッラへの訪問者があまりにも多いので当局は警戒を強め、再び、サン・テルモ城に移され、地下牢に入れられる。

一六一六年、『ガリレオの弁明』を執筆。この本は、タイトルのとおり、『星界の報告』出版後、異端審問にかけられたガリレイを擁護するために、果敢にも獄中からただ一人訴えた書である。

本書でカンパネッラは宇宙に対する自らの立脚点を詳らかにしている。すなわち、彼は視覚で月を観察したガリレイの近代科学的態度を是としているが、宇宙観としては、神慮による天動説を棄て切れていない。したがって、近代科学の知への憧れと中世的な知の二つに一本ずつ足をかけた、ねじれた位置関係にみずからを置いており、科学革命に乗り切れなかった自然魔術師の姿を浮き彫りにしている。近代科学知を全面的に受容できない彼の姿に、現代人なら憐れみすら覚えるであろう。

ともあれ、それを読んだナポリの副王ピエトロ・ジロン・ダッスーナは感銘を受け、もっと人間的なカステル・ヌオーヴォへと移すよう命じた。しかし、カンパネッラがガリレイと話がしたいと言ったため、再びサン・テルモ城に押し込められてしまった。その後、カンパネッラは、副王の好意を再度我がものとして、カステル・ヌオーヴォに戻り、弟子らの訪問を受け、作品を推敲した。

またガリレイの新刊を読めば、必ず手紙を出して業績を称え、自分の思想の理解をもとめていた。ガリレイはそれを迷惑がり、友人との手紙でもカンパネッラを暗号で書き記している。

このように、獄中においても一定の自由は許されていたものの、終わりの見えない監禁はつづいた。弟子筋から釈放の嘆願などがあったが、保釈の道は遠かった。

第16章　『スペイン帝政論』について

投獄に先立ち、狂人を装って軟禁されていた一六〇〇年の夏から一六〇一年にかけてカンパネッラは、自分の裁判の判決を有利にしようと、その擁護の手立てとして、『スペイン帝政論』を書いている。この本は、カンパネッラが聖権と俗権の両方に目配りを利かせていることがよくわかるものである。

これはダンテの『帝政論』とちがって、抽象的な性格ではまったくなく、きわめて具体的である。それは、当局側に読んでもらって、理解してもらうのを第一の目的としているからであろう。まず、議会、軍事、歳入、産業、農業について詳細に書き連ね、特に、当時のスペイン経済について的を射た忠告を行なっている。つまり、新大陸から輸入されてくる金銀を基礎とした政策をほどほどにして、農業と工業生産に国家経済の根幹を据えて、地道に富を築き上げていくべきだ、と説いているのである。

次に、国内政策では以下のようである。

トウモロコシ、肉、葡萄酒、布地等の生活必需品が高騰して、一般民衆にとっては高嶺の花となりつつあるのに、人々には重税が課せられるばかりで、多数の人々が非生産的な生業（山賊、兵士、宗教家）についてしまって、一定の生産を維持しづらくなっている。意欲をなくしたこれらの人々に国王は積極的に施設を設けて、働く場を提供する必要がある。国立の修道院や神学校を各地に新設すれば、人々は物乞いもしなくてすむし、物資不足で疲弊する心配もない（第十七章）。

さらに、新大陸のインディオをおおいに利用せよと説いている。彼らを訓育し、アフリカやアジアに都市を建立して、土地を耕作させせよ、というのである（第三十一章）。

ルネサンス人文主義の精神からはずれた、奴隷制度、征服、搾取などの思想が散見されるが、これは、中世の十字軍の精神をカンパネッラが持っていたことを示唆している。

最終的に、教皇の「腕」となったスペイン王に保護された教皇権によって、神の意思による真の帝国が実現されるべきだと、彼は強調する（第六章）。俗と武のスペインによって、対抗宗教改革の理念が達成される、というわけである。

スペインをおおいに持ち上げている！

スペイン勢力の一掃を眼目に蜂起したはずのカンパネッラの政治的態度の豹変がうかがえて、興味深い。おそらくカンパネッラ自身にしてみれば、スペイン救済に願いをこめて、彼カンパネッラを国家の相談役として雇うことを説いたこの論文をものしたことに、なんら矛盾を感じていなかったと推察される。

彼は、それまでの苦渋に満ちた人生――ときとして死の淵に立たされた人生にあって、自分が生き延びるという、その一点を第一義とする発想を会得してきたと思われ、生き抜くためには、さまざまな妥協を、外部、もちろん内部ともしてゆかなくてはならないと結論するに至ったのであろう。こうした生き方は、イタリアという風土性の枠内でながめてみると、イタリアの政治動向と極めて符号する面がある。トラスフォルミズモ（妥協工作）という政治姿勢の原形を視る覚えがする。

したがって『スペイン帝政論』の眼目は、スペインの軍事方（メシアの代わり）で精神的支柱としての教皇の存在を強く打ちだしたものと言えよう。カトリックの王による精神的政治的世界統一の思想である。そこには、オスマン・トルコに対するキリスト教徒のあくなき戦いが見てとれる。

第17章　四つの政治論文から『太陽の都市』へ

カンパネッラが『太陽の都市』を書くについては、その前に四本の政治論文があり、それらが主に当該書の政治面の下敷きになって関わっていくことになる。

四つの政治論文

一五九九年の蜂起の時点で、反スペイン、反教会の立場を明白にしたカンパネッラだが、それ以前にスペインや教会に何らかの見解を抱いていたどうか調べてみると、彼が、一五九三年から九七年まで入牢していた最中に著わした四篇の政治論文が見えてくる。

最初のものは、一五九三年パドヴァで捕えられたときに、自分の政治的立場を有利にしようと書かれたもので、『キリスト教徒王国論』と『教会統治論』の二本である。これらは先述のように、一五九九年のカラブリアでの逮捕のおりに喪失したが、カンパネッラは後年、発展的に書き直して、それぞれ『メシア帝政論』『教会統治論』として発表した。ともに内容は、教会国家が理想的であって、そうした国家は世界中に力を広げるべきであるという、教会側におもねる形をとっていたが、獄中での彼の立場を好転するものではなかった。

つづいて一五九六年ヴェネツィアからローマに移管されてのち、二つの論文を著わした。二本とも親スペインの内容で、ハプスブルク家の好意を得て、教皇に手渡してもらおうという意図で、じっさい貴人の手を経てクレメンス八世の落手するところとなった。その二本とは、『イタリア君主論』、『ネーデルランド論』である。

『イタリア君主論』では、イタリア人はヨーロッパやイタリアでのスペイン権力に反抗するのではなく、むしろハプスブルク家の支配を得てスペインと連合することを説いている。それは、多数の君主国と共和国とに分断してしまったイタリアじたいに、もはや統一を達成する力は見込めず、すでにあまたの地域をイタリア半島内でも支配しているハプスブルク家スペインがヘゲモニーを唱えなければ、トルコに覇を奪われることになる、というものだった。ハプスブルク家の下ならば、キリスト教も、現在の君主も、人民も温存されるであろうが、トルコの支配下に入れば、学問も含めて伝統的な文化はみな迫害をまぬかれないだろう、と警告しているのである。

『ネーデルランド論』は、当時スペイン領下のネーデルランドに起こっていた独立戦争を鎮圧する方策を含めたもので、もっぱらハプスブルク家の歓心を買うための論文だった。そこには、新教と旧教を闘わせて、自ら決着をつけさせようとしながら、ネーデルランドのスペイン勢力を強化するための策も盛り込まれていた。自分の身を擁護したいがためとは言え、カンパネッラはネーデルランドの政治的自由や宗教的自由を鎮圧する見解を打ち出している。彼が認める自由とは、ネーデルランドの人々が、スペイン王に服従する代償としての自由ということになる。

こういった内容を平然と、死ぬほどの拷問を受けた獄中で書いているカンパネッラ自身も、言うまでもなく自由を奪われている状態にある事実を思い合わせると、一種皮肉な、あるいは、きわめて現実感あふれる図太い人間像が浮かんできはしまいか。もっと端的に言えば、まさにマキアヴェリ的な肌をした権謀術数的人間の像が……。

その一方で、彼は革命成就後の国家像を表現する『太陽の都市』の執筆を行なっていたのである。

『太陽の都市』

カンパネッラが『太陽の都市』を構想するにあたっては、同時代の人文主義者であるジョヴァンニ・ボテロ（一五四〇―一六一七年）の『世界報告』、フランチェスコ・パトリッツィ（一五二七―九七年）の『幸福の都市』、アントン・フランチェスコ・ドーニ（一五一三―七四年）の『賢者と狂人の世界』などの影響を受けている。もちろん、トマス・モアの『ユートピア』もそれの例に漏れない。

十四世紀後半から十五世紀前半にかけての初期人文主義の時代より、政治闘争をしながら同時に理想国家の建設に想いを託すことは、ルネサンス文化のひとつの特徴であった。カンパネッラもこのルネサンス精神を充分に受け継いできたと思われる。

「太陽の都市」の支配構造は、形而上学に該当する「太陽」を頂点に、その下に「権力（ポン） Potenza」、「知識（シン） Scienza」、「愛（モル） Amore」の三者が並立する。そして、それぞれが各学芸を束ねる長になっている。そして「全体の生命」というモチーフの下で各章の叙述がなされている。一種、生命主義的な小著である。

カンパネッラの決起は、カラブリア内の搾取者たる聖俗両界の打倒をめざており、きわめて現実的な理由に基づいていたように一見されるが、彼の内部では、占星術の預言者によるイメージが強く作用していた。至福千年などの影響もあったであろうが、私は拷問などによる、彼の死に対する恐怖が『太陽の都市』を書かせたと思う。つまり彼の生への希求（生へのベクトル）が執筆の内的モチーフになったと考えられる。拷問を受苦したカンパネッラはつねに死と向き合っていた。『スペイン帝政論』が実用的な内容なのに反して、『太陽の都市』はアレゴリカルに生への深い執念を著わしている。

F. THOMÆ CAMPANELLÆ
Appendix Politicæ
CIVITAS
SOLIS

IDEA
REIPVBLICÆ PHILO-
SOPHICÆ.

FRANCOFVRTI
Typis Egenolphi Emmelii, Impensis vero Godofredi
Tambachii, Anno Salutis
M. DC. XXIII.

『太陽の都市』初版
(Francoforte, Egenolph Emmel, a spese di Gottfried Tampach, 1623).

カンパネッラにあっては、生命の再生が政治的刷新や宗教的刷新と結びつけられていて、世界の救済は軍事力の平衡からではなく、精神の再生から生み出されることとなろうか。『太陽の都市』は、その精神の再生を日常生活などの在り様を書くことによって、当代の人々に示そうとした作品であった。

第18章　保釈されパリに向かう

一六二六年、ついに教皇ウルバヌス八世（在位一六二三―四四年）が、カンパネッラに釈放の許可を与えた。この教皇の時代にガリレオ裁判が行われている。新しい教皇はガリレイに好意的で、判決も緩やかなものだったと言われる。ガリレイの新たな知を信ずる一方で、カンパネッラに保釈の許しを与えたからには、この人物の中にカンパネッラ的な二重性も潜んでいたと見てもよいであろう。それは当たっていた。

一六二七年、教皇はローマ在住の枢機卿の死期を、『占星術第七巻 *Astrologicosum Libri VII*』という著書もあるカンパネッラに占わせようとした。この儀式のために、カンパネッラは再度逮捕されて、ローマの検邪聖庁のもとに連れていかれた（Bolzoni, 78）。

一六二八年四月、カンパネッラはついに自由の身となった。その後、各修道院を転々として、七月にミネルヴァの修道院に落ち着いた。しかし翌二九年、検邪聖省から呼び出しをうけると、著書『克服されたる無神論』や『事物の感覚と魔術』に含まれる異端的要素について訊ねられた。彼は、どうも静かにしていられぬ性質（たち）らしく、釈放後も自著の出版をやめず、討論会、宣教師学校の設立も行なっていたようである。

フランスへ

一六三四年、ナポリでカンパネッラの弟子ピグナテッリが反スペインの陰謀を企んでいるのがスペイン当局に発覚した。当局は共謀者としてカンパネッラの行方を追った。そこでカンパネッラは教皇の許可書を得て、フランス大使館に身を寄せることにした。そしてローマからリヴォルノに逃げ、船でマルセイユへ発ち、フランス王国へ亡命した。

[illegible]

Hò fatto il possibile per servirla. [illegible]
[illegible] le ragioni [illegible]
et [illegible], [illegible]
[illegible]
[illegible]. Non fui ammesso.
e pur [illegible]
l'impeto di contradicenti, [illegible]
ad un'altra di [illegible]. e pure [illegible]
[illegible]
[illegible] ammesso. e qualche [illegible]
[illegible]
la [illegible]. A Dio. [illegible]
[illegible] divino. e vediamo [illegible]
le cose naturali [illegible]
e sapienza infinita, [illegible]
politiche, [illegible] a noi [illegible]
e siamo figli [illegible]
[illegible] il sangue. [illegible] A Dio
Roma. 25. [illegible] 1632
[illegible] Campanella

ガリレイへの手紙
（ローマ，1632年９月25日）

フランスでは、猛烈なアリストテレス主義者ピエール・ガサンディ（一五九二―一六五五年）に迎えられ、十二月には、パリで枢機卿リシュリューに温かくもてなされた。翌一五三五年からはルイ十三世（在位一六四三―一七一五年）に謁見して、年金を受ける身となった。またカトリックの神父としてカルヴァン派の人びとを回心させようと努めた。

彼の著作のいくつかは。ソルボンヌ大

学の教科書として認められた。そして自作の百科全書的著作のなかでも重要な作品の印刷が許可された。

ルイ十三世の後継者が生まれたとき、カンパネッラは王子のホロスコープの作成と、詩人として牧歌の詩作を依頼された。王子（のちのルイ十四世）はイルカ座の下に誕生し、将来を約束された幸運な星の影響下にあった。

この牧歌の作詩が、カンパネッラ最後の仕事となった。

第19章　カンパネッラ死す

一六三九年、五月一日、みずからの死期の近いことを星相に見出したカンパネッラは、五月二十一日の朝、パリ、サン・トルノ通りのドミニコ会修道院の僧房で息を引きとった。同年五月二八日、在フランス大使フェルディナンド・バルディから一通の手紙をガリレイは受け取った――「哀れなカンパネッラ神父が逝去されました。公平で学者である方がみなそうであるように、あの方もおおいに偏屈な方でした」(『ガリレイ書簡集』一六三九年二月十八日付)。

彼が死去して埋葬された修道院は、フランス革命のときの騒乱で破壊され、いまは跡かたもない。

おわりに

私がカンパネッラの『太陽の都市』について初めて世に問うたのは、三十一歳（一九八五年）のときだった。それは『ユートピアの憂鬱』という小著にまめられて出版された。カンパネッラを読み解いていくには、『太陽の都市』が最初に手に取られるべき書だと思ったからである。さらに私は彼の人生にも共感を覚えていた。二十七年間もの獄中生活で自由を奪われていたカンパネッラが、私の人生と重なったからである。私も、身体障害の身であり、そのために自由に行動できなかったからである。

『太陽の都市』のなかではその都市構造のみならず、やはり、「全体の生命」という語句に惹かれた。私自身も、この語句を実感として感じていて、都市もさることながら、人体でも「生命の全体性」が必須だと考えていた。それは、汎感覚的なものへと繋がっていき、アニミズムの生命観へと至った。そして、『ガリレオの弁明』を翻訳するに及んで、汎感覚主義をカンパネッラに感得するのに揺るがぬものを抱いた。それは、私自身も、身内に汎感覚的なものを感知することと同義だった。

私は、カンパネッラの人生を知りたいと思うようになった。「全体の生命」の息づく都市を作り上げようとしたカンパネッラの人生に、都市という政治・経済などが複雑に絡み合った実体がどのように関わっているのかを知りたいと希うようになった。逆境にありながら、脈打つ生命を感じ取って、著作をものにしたカンパネッラの生の足跡をいつかたどってみたかった。今回、その機会に恵まれたわけである。

カンパネッラは南イタリアに生を受けて、その風土、経済、政治、思潮に少年期・青年期を通して色濃く染まり、変革へと道を歩んでいった。これは、彼の人生にあって、偶然というより必然に近いものだったであろう。生まれ育ったナポリ王国がイタリアにありながら、スペインの属国であったことも必然を形成する要因のひとつであろう。また、イタリアには、ローマ教皇が居ることも必然を形づくっていたであろう。

カンパネッラの究極の考えは、対トルコを前に、スペインの武力によって軍事力を盤石にして、宗教面ではローマ教皇を頂点とする、メシア思想に則ったカトリックの王国を作り上げることだった。聖俗の両権をひとつに絞ることが出来ないがための苦渋の策と言えよう。彼はイタリア半島の統一を夢見ていたが、現実で果たすのが困難であったがために、宗教面で思考せざるを得なかったのである。

「はじめに」に、もし彼が北イタリアに生まれ育ったなら、まったくちがった人生を送っただろう、と書いた。そして、そうだったら、この私との出会いもなかっただろう、とも断言できる。わが身を振り返ってそれは確かだと言える。からだに、「全体の生命」がみなぎるとき、私はカンパネッラと一体となっているのである。

あとがき

カンパネッラは〈南の知〉を基礎に〈北の知〉を帯びて南部へと帰郷した。私の場合は生まれが札幌市だから、〈北の知〉の下で育った。北海道の文学に青年期よりなじんできた私の書くものに、生地である札幌はやはり大きな意味を持っている。ルネサンス文化を研究し始めたのも、ひとつの共通項として札幌という、明治になって都市の創建がなされた街に生まれたからである。ルネサンスが都市の文化であるのと重なっている。カンパネッラも、スティーロという市壁を持つ街に生を得た。その規模は小さかったにせよ、一応都市の体裁はとっていた。

彼はその故郷を飛び出して、動き回ったまさに「動の人」であった。二十年以上牢獄で過ごしたにせよ、執筆活動を通してその行動や言動には中世の十字軍の精神さえ垣間見ることが出来る。また、哲学者にして魔術師という、当時の知の在り方の一典型をも、彼の言動から感知することも可能である。本書ではそれらをまとめて、預言者と呼んでいるが、この名称は正鵠を射ているにちがいない。

本書は、文芸誌『羚』創刊準備号（二〇〇一年六月）から第七号（二〇〇三年三月）までと、『春秋』二〇〇三年八・九月号から二〇〇六年五月号までをまとめて、改稿・補筆したものである。評伝としては小振りになった本書だが、それは、枝葉をそいで書き改めたが故である。

ワープロ打ちの段階で旧ゼミ生の守田芙優さんにお手数をかけた。守田さん、ありがとう。

なお、本研究の一部は、平成二十五年度関西大学国内研究員費によって行った。

北摂にて
澤井繁男

二〇一四年立秋

De Franco, Luigi, *Introduzione a Bernardino Telesio*, Soveria Mannelli : Rubbettino Editore, 1995.

Ernst, Germana, *Tommaso Campanella : Il libro e il corpo della natura*, Roma : Laterza, 2010.

Fiorentino, Francesco, *Bernardino Telesio ossia Studi storici su l'idea della natura nel Risorgimento Italiano* I, II, Firenze : Succesori le Monnier, 1872.

Firpo, Luigi, *I processi di Tommaso Campanella*, a cura di Eugenio Canone, Roma : Salerno, 1998.

Ferrari, Giuseppe, *Sulle opinioni religiose di Campanella*, Milano : Franco Angeli, 2008.

Formichetti, Gianfranco, *Tommaso Campanella : Eretico e mago alla cortese del papi*, Casale Monferrato : Piemme, 1999.

Gambino, Sharo, *Vita di Tommasso Campanella : Dieci Cavalli Bianchi*, Reggio Calabria, Citta di sole Editore, 2008.

Garin, Eugenio, *La cultura del Rinascimento*, Roma : Laterza, 1973.

Headly, John M., *Tommaso Campanella and Transformation of the World*, Princeton : Princeton University Press, 1997.

Theodore K. Rabb, *The Last Days of the Renaissance & the March to Modernity*, New York, Basic Books, 2006.

ガレン，E『イタリア・ルネサンスにおける市民生活と科学・魔術』清水純一，斎藤泰弘訳，岩波書店，1975年。

ガレン，エウジェニオ『ルネサンス文化史——ある史的肖像』澤井繁男訳，平凡社ライブラリー，2011年。

クリステラー，P・O・『イタリア・ルネサンスの哲学者』佐藤三夫監訳，みすず書房，1993年。

バウズマ，ウィリアム・J『ルネサンスの秋——1550-1640』澤井繁男訳，みすず書房，2012年。

ファーガソン他『ルネサンス——六つの論考』澤井繁男訳，国文社，2013年

マイネッケ『近代史における国家理性の理念［新装版］』菊森英夫，生松敬三訳，みすず書房，1989年。

マクニール，W・H『ヴェネツィア——東西ヨーロッパのかなめ 1081-1797』清水廣一郎訳，岩波現代選書，1979年。

マトヴェイェーヴィチ・P『地中海——ある海の詩的考察』沓掛良彦・土屋良二訳，平凡社，1997年。

主要参考文献

カンパネッラの著作

Apologia di Galileo, a cura di Luigi Firpo, Torino : UTET, 1968（『ガリレオの弁明』澤井繁男訳, 工作舎, 1991年）.

Del Senso delle Cose e della Magia, a cura di Antonio Bruers, Bari : Laterza, 1925.

La Città del sole e Questione quarta sull'ottima repubblica, a cura di Germana Ernst, Milano : Biblioteca universale Rizzoli, 1996（『太陽の都』近藤恒一訳, 岩波文庫, 1992年）.

Lettere, a cura di G. Ernst, Firenze : Olschki, 2010.

La Monarchia di Spagna : prima stesura giovanile, a cura di Germana Ernst, Napoli : Istituto italiano per gli studi filosofici, 1989.

Mathematica, a cura di Armando Brissoni, Roma : Gangemi, 1989.

Parte quarta della filosofia razionale, in *Opere letterarie di Tommaso Campanella*, a cura di Lina Bolzoni, Torino : UTET, 1977.

Philosophia sensibus demonstrata, a cura di L. De Franco, Napoli : Vivarium, 1992.

Le Poesie, a cura di Giovanni Gentile, Firenze : Sansoni, 1939（『太陽の都・詩篇』坂本鉄男訳, 現代思潮社, 1989年所収）.

Poetica, in *Opere letterarie di Tommaso Campanella*, a cura di Lina Bolzoni, Torino : UTET, 1977.

Scelta di alcune poesie filosofiche, in *Opere letterarie di Tommaso Campanella*, a cura di Lina Bolzoni, Torino : UTET, 1977.

La Città del sole : Dialogo poetico = The City of the Sun : A Poetical Dialogue, trans. and notes by Danniel J Dann, Berkeley : University of California Press, 1981.

その他

Autobiografie di Filosofi : Cardano, Bruno, Campanella, a cura di Luigi Firpo, Mariarosa Masoero e Giuseppe Zaccaria, Torino : G. Giappichelli, 1982.

Brissoni, Armando, *Galileo e Campanella*, Este : Isonomia, 1994.

Cantimori, Delio, *Eretici Italiani del Cinquecento*, Firenze : Sansoni, 1978.

Cunsolo, Luigi, *La storia di Stilo e del suo regio demanio*, 2nd ed., Stilo : Gangemi Editore, 1987.

Dandelet, Thomas James and John A. Marino, eds. *Spain in Italy : Politics, Society, and Religion 1500-1700*, Brill Leiden-Boston, 2007.

著者略歴

澤井繁男（さわい・しげお）

1954年札幌市生まれ。道立札幌南高校から東京外国語大学を経て，京都大学大学院文学研究科博士課程修了。東京外国語大学論文博士（学術，1999年）。イタリア・ルネサンス文学・文化。小説家としても活躍。現在，関西大学文学部教授。

イタリア関連著訳書

著　書　『ユートピアの憂鬱――カンパネッラ「太陽の都市」の成立』海鳴社，1985年
『魔術の復権――イタリア・ルネサンスの陰と陽』人文書院，1989年
『錬金術――宇宙論的生の哲学』講談社・現代新書，1992年
『ルネサンス文化と科学』山川出版社，1996年
『ルネサンスの知と魔術』山川出版社，1998年
『魔術と錬金術』筑摩書房・ちくま学芸文庫，2000年
『イタリア・ルネサンス』講談社・現代新書，2001年
『ナポリの肖像』中央公論新社・中公新書，2001年
『ルネサンス』岩波書店，ジュニア新書，2002年
『魔術との出会い，いま，再びルネサンスを』山川出版社，2003年
『マキアヴェリ，イタリアを憂う』講談社・選書メチエ，2003年
『魔術師たちのルネサンス』青土社，2010年

訳　書　ジェローラモ・カルダーノ『カルダーノ自伝』共訳，平凡社ライブラリー，1995年
G・デッラ・ポルタ『自然魔術』青土社，1990年
G・デッラ・ポルタ『自然魔術・人体編』青土社，1996年
トンマーゾ・カンパネッラ『ガリレオの弁明』工作舎，1991年；ちくま学芸文庫，2002年
マキァヴェッリ『マキァヴェッリ全集，第1巻』共訳，筑摩書房，1998年 E・ガレン『ルネサンス文化史』平凡社ライブラリー，2011年
ウイリアム・J・バウズマ『ルネサンスの秋　1550-1640』みすず書房，2012年
パノフスキーほか『ルネサンス――六つの論考』国文社，2013年

JIMBUN SHOIN Printed in Japan
ISBN 978-4-409-04106-2 C0010

評伝 カンパネッラ

二〇一五年一月一〇日 初版第一刷印刷
二〇一五年一月二〇日 初版第一刷発行

著 者 澤井繁男
発行者 渡辺博史
発行所 人文書院
〒六一二-八四四七
京都市伏見区竹田西内畑町九
電話〇七五(六〇三)一三四四
振替〇一〇〇〇-八-一一〇三

製本 坂井製本所

乱丁・落丁本は送料小社負担にてお取替いたします。

http://www.jimbunshoin.co.jp